Horst Rehmann
Gedichteband 5

Horst Rehmann

Gedichteband 5

Rediroma-Verlag

Bibliografische Information der Deutschen Nationalbibliothek:
Die Deutsche Nationalbibliothek verzeichnet diese Publikation in der Deutschen Nationalbibliografie; detaillierte bibliografische Daten sind im Internet über http://portal.dnb.de abrufbar

ISBN 978-3-98885-273-1

www.rediroma-verlag.de
15,95 Euro (D)

Horst Rehmann

Als Sohn eines Glückbringers (Kaminkehrermeister) wurde ich am 22. Mai 1943 in Bremen geboren. Meine Kindheit, Lehr,- und Jugendzeit verbrachte ich in Kirchweyhe, nahe Bremen.

Erst mit 21 Jahren entdeckte ich, mehr oder weniger durch Zufall, meine Leidenschaft zum Schreiben und arbeitete von 1964 bis 1971 als freier Publizist für namhafte deutsche Tageszeitungen, u.a. Lübecker-Nachrichten, Bremer-Nachrichten, Neue Osnabrücker Zeitung. Durch meine Vorliebe zu Heinz Erhardt, der mich mit seinen ausgefallenen Sprüchen häufig zur Nachahmung inspirierte, bastelte ich mein eigenes lustiges Konzept

und erfand ständig neue Reime und Redensarten, die ich dann in Kurzgeschichten festhielt. Später, 1988 veröffentlichte ich mein erstes kleines Buch mit nur dreizehn Kurzgeschichten,

einfach so zum Spaß und verteilte es unter Verwandten und Bekannten. Erst durch einen weiteren Zufall, als ich nämlich einen Kunst. und Literaturprofessor kennenlernte und der mir zur Veröffentlichung meiner Arbeiten riet, fasste ich mir ein Herz und legte alles Gesammelte einem Verlag vor. Der erste Schritt war getan und somit mein erstes „richtiges Buch“ auf dem Markt und meine erste Bilderausstellung in Berlin stand fest. Es folgten zwei Kinderbücher und zahlreiche andere Aktivitäten im Literarischen und künstlerischen Bereich. Ölbilder, die ich malte, wurden in Berlin, Bremen, Nürnberg, Haßfurt, Wien und in Forchheim erfolgreich ausgestellt. Alles natürlich rein nebenberuflich. Beruflich hat es mich dann nach Bayern verschlagen, genauer gesagt, nach Nürnberg. Als Inhaber einer kleinen Firma im Lüftungsbereich musste ich die schriftstellerische und künstlerische Tätigkeit immer mehr nach hinten schieben und sie komplett in meine Freizeit verlagern. Seit 2008 (Rentenalter) wohne ich in Forchheim, am Rande der Fränkischen Schweiz, hier widme ich meine Zeit wieder voll und ganz dem Schreiben und dem Malen. Meine Geschichten, Gedichte und Aphorismen dienen in erster Linie der Unterhaltung. Unterhaltung in dem Sinne, dass ich meine Leser zum Lachen, aber auch zum Nachdenken anrege. Zwischenzeitlich sind zwei weitere Bücher a 300 Seiten mit Aphorismen, Gedichten und Kurzgeschichten entstanden, die im deutschsprachigen Raum erfolgreich verkauft werden. Weitere Bücher sind bereits in Arbeit. Desgleichen entstehen bei mir ständig neue Ölbilder aus der Kategorie „Phantasie - Surrealismus – Realismus“, die ich in Ausstellungen zum Verkauf anbiete.

Auf meiner Homepage www.rehmann-horst.jimdo.com stelle ich einige Kostproben zur Verfügung.

Inhalt

Verschiedenes

Die Natur

Wenn man mal richtig drüber nachdenkt,
wie wunderschön doch die Natur ist,
was sie all den Kreaturen schenkt,
ohne Pause, ohne Galgenfrist.

Alle Menschen sollten dankbar sein,
für jeden Atemzug auf Erden,
Natur pflegen wie den Edelstein,
nicht einen Tag lang müßig werden.

Doch es wird immer Menschen geben,
die täglich die Natur missachten,
die ständig nur die Macht anstreben,
gierig nach Ruhm und Reichtum trachten.

Mutter Natur kann sich nicht wehren,
kann diese Unholde nicht richten,
drum heißt das große Volksbegehren:
TYPEN RAUS, DIE NATUR VERNICHTEN.

Die ersten Tage in neuen Jahr

Wir gehen genauso in das neue Jahr,
wie wir vor Tagen aus dem Altem kamen,
vielleicht sogar mit etwas schütterem Haar,
jedoch immer noch mit dem gleichen Namen.

Das Alte Jahr hat uns sehr viel gegeben,
in das Neue gehen wir mit Zuversicht,
wir müssen es nur geduldig hinnehmen,
denn, eine andere Lösung gibt es nicht.

Da hilft weder ein Zaudern noch ein Zagen,
wir sind gefangen in unserem Leben,
doch ab und an muss man einen Schritt wagen,
dann wird sich sicher - Gutes draus ergeben.

Wir sollten ...

Wir sollten miteinander lachen,
und zig verrückte Dinge machen,
wir sollten reden, diskutieren,
uns nicht in Träumerei verlieren.

Wir sollten auf die Pauke hauen,
Bäume pflanzen und Häuser bauen,
wir sollten oft im Dreivierteltakt,
tanzen, völlig ungeniert und nackt.

Wir sollten viel reisen um die Welt,
mit Visionen und wenig Geld,
wir sollten Gedanken austauschen,
uns mit Nächstenliebe berauschen.

Wir sollten das Dasein genießen,
und keinerlei Tränen vergießen,
immer vorwärts gehen, Schritt für Schritt,
nur so wird unser Leben – ein Hit.

Die Würde des Menschen

Die Würde des Menschen ist heilig,
so besagt es unser Grundgesetz,
doch leider jagen Menschen eilig,
diese Würde ungeschützt durchs Netz.

Sie entblößen sich bis zum Nabel,
wühlen hemmungslos in Dreck und Schlamm,
wie einst die Brut im Sündenbabel,
die Exzesse aufsog wie ein Schwamm.

Sein Selbst ist dem Menschen nicht kostbar,
der Narzissmus treibt ihn wie im Rausch,
im Pfuhl des Netzes ist er Weltstar,
er stellt seine Würde - frei zum Tausch.

Du bist ...

Du bist, ich sag´s mal ungeniert,
ein Mensch, der mürrisch funktioniert,
der beim Reden starr und steif guckt,
häufig lauthals schreit, bockt und zuckt
und hernach, wie ein Eselsvieh,
in Sturheit fällt und Apathie.

Man hat dir ein Netzteil geraubt,
du willst vielfach mehr, als erlaubt,
bist falsch verkabelt obendrein
und forderst stets Verständnis ein,
verlangst für alles Garantie,
verschmähst das Wort, Diplomatie.

Deine Macken hab ich akzeptiert,
mich längst schon damit arrangiert,
wenn ich auch oftmals mit dir streite,
steh ich dir immer fest zur Seite,
trotz deines Sandes im Getriebe,
bleibst du für mich - die große Liebe.

Neuschnee

Neuschnee, dem Menschen ist gut zumute,
der Körper fühlt sich wohl, entspannt und rein,
die Gedanken kreisen um das Gute,
stillen die Seele wie ein guter Wein.

Herrlich weiß bedeckt er kahle Äste,
macht scheinbar viele Friedenswünsche wahr,
umhüllt das Grau mit glitzernder Weste,
als führe er die Landschaft zum Altar.

Jedoch dauert es nur ein paar Stunden,
die Pracht verwandelt sich zu grauem Brei,
mit viel Schuh und Reifendreck verbunden,
sind zarter Glanz und Prunk - ruckzuck vorbei.

Medienkraft

Jahrelang machte man uns klar,
durch Medien ganz permanent,
dass Krieg die nackte Not gebar,
die Erde aufschrie, dass sie brennt.

Damit war Schluss, mit einem Streich,
es gab nur Covid auf der Welt,
die Menschen wurden kreidebleich,
hat man von Corona erzählt.

Doch ein Virologe hat´s geschafft,
wozu kein Experte fähig war,
er nutzte all die Medienkraft
und schürte so, die Virusgefahr.

Die Paniksaat war damit gestreut,
doch das Volk machte die Schotten dicht,
scherte sich um Covid keinen Deut,
schrie laut: „Impfen lassen wir uns nicht".

Bleibe Falke

Wenn vom Weltbild seh´n das Auge schmerzt
und deinen Verstand in Schwärze taucht,
Propaganda Wahrheit nicht beherzt,
dir stets Dogmen in die Ohren haucht,
deinem Denken eiskalt anbefiehlt,
in welchen Tönen du pfeifen musst,
am Ende sogar dein Selbstsein stiehlt
und dich noch belädt - mit Weltenfrust …

… dann steig ins Wasser, das rein und klar,
wisch gründlich Augen und Ohren aus,
schaue und höre nur das, was wahr:
„Bleibe Falke - werde niemals Maus!“

Es war eine schlimme Zeit

Kann die Nachkriegszeit nicht vergessen,
weil es kaum etwas zu futtern gab,
nur manchmal gab es Kohl zu essen,
doch die Ration war äußerst knapp.

Wie Tiere suchten wir nach allem,
was noch unentdeckt auf Feldern lag,
wir fanden selbst an dem Gefallen,
das weder Sau, Ochs noch Esel mag.

Der Hunger war im quälen Meister,
schnürte uns allen die Taille schmal,
doch wir besiegten seine Geister,
empfanden nur Glück, bei jedem Mahl.

Heut bin ich zufrieden und gesund,
werd geliebt von meiner lieben Frau,
bin nicht schlank und auch nicht kugelrund,
nur die Haare - werden langsam grau.

Träume

Getragen von wunderschöner Musik,
so schwebten viele Tanzende entzückt,
den Kopf voll Erinnerungen und Glück,
in den Tanzsaal bester Zeiten zurück.

Glitzernde Kugeln im gedämpften Licht,
Rock ´n´ Roll in rauchiger Ekstase,
zig junge Menschen mit eigener Sicht,
war ‘n versammelt in kultischer Lage.

Träume ausleben war ihr Bestreben,
was daraus wurde ist heute bekannt,
in Utopia wollten sie leben,
haben sich aber - immer wieder verrannt.

Vorsicht bei Armut

Quält dich die Armut wie die Krätze,
dann kontrollier gut, was du sagst,
erzähl auch nicht, das du´s nicht magst,
denn das bezeichnet man als Hetze.

Dein Leben lang hast du gegeben,
hast stets vertraut auf Vater Staat,
doch nun, wo dir Bedürfnis naht,
wird er kein Auffangnetz dir weben.

Er zwängt dich in einen Maulkorb rein,
rät dir auch zu Beruhigungstee,
lenkt dich so ab, von der Idee,
politisch mal unkorrekt zu sein.

Drum setz einen Helm auf dein Denken,
schütze vor Schaden den Verstand
und schau, was einstmals war dein Land,
ist jetzt ein Boot im Spiel – Schiffe versenken.

Landleben

Wie leben Leute auf dem Land,
wollte ich als Stadtmensch sehen,
und außerdem war ich gespannt,
wie sie mit dem Vieh umgehen.

Als ich dort ankam, stadtverwöhnt,
nicht blauäugig und auch nicht dumm,
im Glauben mit der Welt versöhnt,
doch was ich sah, machte mich stumm.

Da standen zig Kühe im Stall,
ich dachte kurz darüber nach,
als Stadtmensch war ich wissensprall,
doch hier lag meine Neugier brach.

Im Schweinestall, da herrschte Nacht,
kein Tier sah je das Tageslicht,
und die, die man schnell rausgebracht,
bekamen Schlächter zu Gesicht.

Ich hör noch heute das Geschrei,
wie sie die Tiere angepackt,
in den Kopf schossen, frank und frei,
damit ihr Leib zusammen sackt.

Der Schock kam dann zur Abendzeit,
Herdplatten glühten Höllen rot,
Schweinsfüsse war´n servierbereit,
nebst Brühe, Sauerkraut und Brot.

Allesesser sagen …

Rindersteak auf flachem Teller,
mit brauner Sauce, dazu Reis,
roter Wein aus Winzers Keller,
ein Hochgenuss im Kennerkreis.

Als Nachtisch ein Stückchen Torte,
mit roten Kirschen fein garniert,
und vom Schnaps die scharfe Sorte,
damit kein Unwohlsein passiert.

Gepriesen sei solch Festessen,
das alle Feinschmecker verwöhnt,
die, auf Lust statt Frust versessen,
den Gaumenschmaus mit Jubel frönt.

Rennt in den Garten, Veganer,
betet stur das Grünzeug an,
führt brav euren Nährstoffplaner,
und lebt diesen fleischlosen Wahn.

Gutes solltet ihr verkünden,
das wahrhaft mit Moral durchtränkt,
doch nehmt Menschen nicht die Sünde,
die ihrem Leben - Freude schenkt.

Ab nach Spanien

Willst Du schnell nach Spanien eilen,
und sehnend in der Sonne weilen,
geht Dein Wunschtraum dort in Erfüllung,
als Nordländer in Sehnsuchtstillung?

Ist Spanien die wahre Wonne,
mit wenig Regen und viel Sonne,
wird es ein gutes Miteinander,
bei dem dortigen Durcheinander?

Spanien hat Urlaubergewühl,
und lockt trotzdem mit Wonnegefühl,
lässt jeden auf Gastgenuss hoffen,
bei dem Herz und Gaumen betroffen.

Die Sonne strahlt nur voll im Süden,
auf die vielen Schlechtwettermüden,
die Seele holt sich dort neue Kraft,
mit der sie - inneren Frieden schafft.

Ein langes Leben

Nie im Leben hätte ich gedacht,
als Mensch einmal so alt zu werden,
und das noch keiner über mich lacht,
trotz meiner zig Altersbeschwerden.

Ich hätte auch nie zuvor geglaubt,
dass ich je mit meinen Nachkommen,
klarkomme und dass man mir erlaubt,
zu Festen einfach herzukommen.

Noch bin ich beweglich und hab Geist,
kann alles klar beim Namen nennen,
weiß auch, was es heutzutage heißt,
eigene Schwächen zu erkennen.

Gradlinig sein, im langen Leben,
Charakter haben, mehr will ich nicht,
nach dieser Tugend ehrlich streben,
sehe ich als erste Menschenpflicht.

Nie hätte ich mir träumen lassen,
dass Güte den Menschen aufbaut,
der liebenswürdig, ohne hassen,
sinnig, ruhig - zum Himmel aufschaut.

Auf dem Jahrmarkt

Der Jahrmarkt bringt uns Heidenspaß,
und Lebensfreude ohne Maß,
in Geister und in Achterbahn,
nur Angstgeschrei und Tempowahn.

Hoch hinaus geht's per Riesenrad,
welch Hochgefühl an Freiheitsgrad,
dann fliegen wir noch superschnell,
mit einem Kettenkarussell.

Wir schaukeln Schiffchen in die Luft,
rempeln in Skootern, dass es pufft,
und hauen mit enormer Macht,
den Lukas, dass es mächtig kracht.

Im wirren Spiegelkabinett,
da finden wir es gar nicht nett,
wir sind recht dürr im Augenblick,
im nächsten Spiegel tonnendick.

Wir seh´n dort sehr verschroben aus,
es ist ein Horror, ist ein Graus,
drum trinken wir ein Bier im Zelt,
geh 'n dann zur schwersten Frau der Welt.

Bei einem Leierkastensound,
fahren wir froh und gut gelaunt,
rein unermüdlich, mal um mal,
mit der Almbahn durch Berg und Tal.

Zuckerwatte, Waffeln, Softeis,
gebrannte Mandeln dampfend heiß,
das ist zwar alles nicht gesund,
macht nur das Bäuchlein kugelrund.

Es beginnt der Tag zu dunkeln,
man sieht bereits Sterne funkeln,
uns geht das Geld auch langsam aus,
tief beeindruckt - geh ‘n wir nach Haus.

Treuer Wegbegleiter

Der Vollmond hangelt sich ganz langsam hoch,
die Sonne ist bereits schlafen gegangen,
sie leuchtet und sie strahlt auch weiter noch,
und der Mond muss ihre Strahlen fangen.

So geh´n beim Menschen Traum und Wirklichkeit,
ebenfalls gedanklich ineinander,
wenn sie des nachts, ganz mild zur Schlafenszeit,
sich heran kuscheln, an ihre Partner.

Wie Stern um Stern das Himmelszelt weitet,
und so den unendlichen Kosmos dehnt,
die Zeit, die Menschen im Schlaf entgleitet,
während sich ihr Körper nach Ruhe sehnt,
genau so dreht sich der Erdball weiter,
und bleibt unser - treuer Wegbereiter.

Liebe Sonne

Sonne komm und scheine hell,
wärm unsere Erde schnell,
küsse alle Blumen wach
und bring Leben unters Dach.

Liebe Sonne scheine weit,
es wird allerhöchste Zeit,
viele Vögel singen schon,
früh morgens im schönsten Ton.

Ach Sonne, schein vom Himmel,
werd unser Lieblings-gesell,
weck auch alle Tiere auf,
dann nimmt das Jahr seinen Lauf.

Sonne, nun komme herbei,
bleib möglichst lang wolkenfrei,
zeige dein volles Gesicht,
dann wird's Frühjahr - ein Gedicht.

Zuneigung und Herzlichkeit

Herzlichkeit ist natürlich eine Tugend,
Wünsche und Gefühle gleiten sanft dahin,
belebend ist dies Beispiel für die Jugend,
und für das Gemeinschaftsdenken ein Gewinn.

In Hinwendung zu vielen Alltagssorgen,
und bereit zu sein, diesen Weg zu gehen,
kein Warten auf ein unbestimmtes Morgen,
denn nur im Mitgefühl liegt das Verstehen.

Hier findet man ein Element des Lebens,
denn Freude hellt dunkle Sorgenwolken auf,
die Zuneigung ist niemals ganz vergebens,
sie bestimmt den positiven Lebenslauf.

Aus Herzlichkeit entwickelt sich Vertrauen,
gibt einem das Gefühl, man ist nicht allein,
so kann man auf der Liebe Vielfalt bauen,
denn diese fließt - in Herz und Seele ein.

Zufriedenheit

Ganz tief versunken in Gedanken,
streife ich einsam durch das Moos.
hier verwehren mir keine Schranken,
den Zugang zu des Waldes Schoß.

Wohlig recken sich meine Sinne,
und jubelnd wird die Seele frei,
weil ich heute aufs Neu beginne,
mir selbst und jedem Feind verzeih.

Jeder Schritt löst die alten Narben,
um mich herum nur heile Welt,
selbst Phönix winkt mit bunten Farben,
und freundlich grüßt das Himmelszelt.

Wie neu geboren kehr ich wieder,
zurück aus dieser Einsamkeit,
fröhlich summe ich alte Lieder,
verspüre nun – Zufriedenheit.

Es ist so wunderbar, das Leben

Ich hol´ mir eine Zeitschrift herein,
lese nur wichtiges und Gutes,
die Zeilen sollen ein Labsal sein,
so bin ich ständig guten Mutes.

Schließlich bin ich doch kein alter Mann,
der täglich nur Trübsal blasen muss,
ich les´ lustiges so oft ich kann,
vertreibe so, Trübsal und Verdruss.

Gern les´ ich auch die Tageszeitung,
mit Storys und mit Kommentaren,
die bringen mich so richtig in Schwung,
trotz meiner nun schon achtzig Jahren.

Nebenbei trink ich ein Gläschen Tee,
betrachte im Fernseh die Mimen,
sage der Welt noch lang nicht ade,
befasse mich mit rückwärts beamen.

Es ist so wunderbar, das Leben,
Gutes dieser Welt darf bei mir sein,
nach Höherem werd ich stets streben,
Böses lass ich ersticken – im Keim.

Das musste nicht sein

Zwanzig zu schnell in der Dreißig-Zone,
ach egal, das kümmert nicht die Bohne,
die Ampel zeigt gelb, nur nicht verharren,
jetzt Gas geben, mit solch flottem Karren.

Oh, am Straßenrand sind Kids am paffen,
die Bremsen quietschten, die Leute gaffen,
dumpf trifft Metall ein modernes Rennrad,
hätt´ jemand drauf gesessen, er wär´ platt.

Plötzlich ein greller Blitz, wie kann das sein,
am Himmel nur strahlender Sonnenschein,
der Blitz kam aus einer grauen Säule,
das hat ein Nachspiel, bald gibt's die Keule.

Denken - das musste nicht sein - hilft auch nicht,
die Angelegenheit, sie kommt vor Gericht,
es heißt zwar, stets die Ruhe bewahren,
doch Tatsache ist - zu schnell gefahren.

Das sollte jeder tun

Lächle ihn an und gib ihm deinen Segen,
sag ihm: „Es wird schon werden, auch im Regen“,
reiche ihm deine Hand, weise ihn nicht ab,
auch wenn es beim ersten Mal nicht klappt.

Besser weiß er´s nicht, kann sich nicht verbiegen,
möchte sich nur, stets in Sicherheit wiegen.
Auch wenn du grübelst, wie kann denn das sein,
sei dir ganz sicher, dein Gewissen ist rein.

Beginne aber keinesfalls zu schwächeln,
setze es auf, dein allerbestes Lächeln,
sieh ihm in die Augen, sag: „Alles wird gut“,
aber denke dran, es bedarf sehr viel Mut.

Dem Menschen geben, ein wenig Sonnenschein,
das bedeutet im Leben, mal anders sein,
sich abzuheben von der großen Masse,
das sollte jeder tun – das wäre klasse.

Nichts ist mehr wie früher

Wie schön war unsre gemeinsame Zeit,
keinen Tag verspürte ich Einsamkeit,
doch jetzt sitzt ein stechender Schmerz sehr tief,
nichts ist mehr so wie´s früher einmal lief.

Warum musste das plötzlich so enden,
muss denn Liebe wirklich alles schänden,
das Leben spielt uns immer einen Streich,
und dieser ist auch meistens folgenreich.

Ob gut, ob schlecht, bei uns war´s letzteres,
und ich dachte bei uns wär´s was andres,
warum kann Liebe alles zerstören,
weshalb zwingt sie uns jetzt aufzuhören,
es ist zwar wahr, die Liebe ist nur ein Spiel,
doch leider bringt´s mir nun – auch nicht mehr viel.

Er war uneigennützig

Jahrelang markierte er Schulwege,
damit Kinder sicher laufen konnten,
er war immer ehrenamtlich rege,
während andre sich im Lichte sonnten.

Er sorgte uneigennützig dafür,
dass Schülerlotsen so vieles regeln,
damit sie stets bekamen das Gespür,
Schluss muss sein mit rangeln und mit flegeln.

Vorbild war er aus ureigener Ethik,
Kinderschutz war für ihn Pflicht und Auftrag,
verantwortliches Handeln wuchs stetig,
weil jedes Kind ihm sehr am Herzen lag.

Kurzes Rendezvous

Schön war heut mein Rendezvous im Garten,
die Sonne hat zart mein Gesicht geküsst,
auf den Lenz muss ich nicht länger warten,
hab ihn schließlich schon Monate vermisst.

Ein paar Meisen sangen munter Lieder,
Zugvögel kehrten ebenfalls zurück,
ins Heimatland, wo sie immer wieder,
schöne Nester bau´n aus Moos und Gestrüpp.

Doch dann kam die Kälte angekrochen.
die Sonne sank und flüsterte mir zu:
„Mit dem Lenz dauert´s noch ein paar Wochen,
ich freue mich - aufs nächste Rendezvous.“

Sie ist nicht alt, nicht jung

Zeit weiß gar nichts von dir und von mir,
sie kennt weder Heute noch Morgen,
stets ist sie da und trotzdem nicht hier,
und nie bereit, sich uns zu borgen.

Sie ist nicht alt und gewiss nicht jung,
im Gegensatz zu ihren Schwestern,
eine heißt ganz klar - Erinnerung,
sie residiert im Haus von gestern.

Die andere Schwester sucht das Licht,
will ständig nur die Segel hissen,
hin zum Horizont zeigt ihr Gesicht,
die Zukunft möchte niemand missen.

Ein Vetter reist auch noch mit der Zeit
und sammelt die verblühten Leben,
ihn kümmern weder Freude noch Leid,
er kann nur nehmen, niemals geben.

Alle Stunden, die die Zeit uns gibt,
sind nicht wie Geld zu übertragen,
deshalb handle, wer sein Dasein liebt,
wer leben will - der muss auch wagen.

Immer aalglatt sein

Du schlängelst durch die Daseinstage,
glatt und stets geschmeidig wie ein Aal,
bleibst nicht greifbar, in jeder Lage,
kein einziger Spalt ist dir zu schmal.

Oft hüllst du dich in tiefes Schweigen,
nur schwer lockt man dich aus deinem Hort,
doch willst du dich verbindlich zeigen,
kommt von dir nur ein halbgares Wort.

Deine Karten niemals aufzudecken,
ständig kontrollieren, jedes Spiel,
der Hecht zu sein im Goldfischbecken,
ist für dich das wesentlichste Ziel.

So willst du schlechte Zeiten meiden,
bleibst so von Wunden und Gram verschont,
doch ohne Liebesfreud und Leiden,
lebst du ein Leben – das sich nicht lohnt.

Glück ist nicht von Dauer

Glück ist meist nur von kurzer Dauer,
es ist ein Phänomen, das nicht weilt,
man verspürt nur kurz sein Schauer,
Sekunden später ist es enteilt.

Kein Mensch bekam es je zu fassen,
das Glück kommt und geht nach eig´ner Wahl,
doch es wird uns nie ganz verlassen,
hin und wieder schickt es einen Strahl.

Seinen Wert lässt es uns ermessen,
den es oft in unser Leben trägt,
um für ein Stündchen zu vergessen,
wie hart uns - der Alltag niederschlägt.

Menschen in Zeitnot

„Wunderbar dich mal zu sehen,
hab nur im Moment keine Zeit,
wie geht's, wie ist dir geschehen,
die Kundschaft wartet, tut mir Leid!"

„Prima, du bist zu beneiden,
bei mir läuft es mau im Geschäft,
hab bereits ein Magenleiden,
bin wegen Schulden nur gestresst!"

„Oh Mann, was soll ich denn sagen,
auch ich bin nicht mehr richtig fit,
ich hab´s nicht nur mit dem Magen,
mein Blutdruck macht auch nicht recht mit!"

„Dafür gibt's doch Betablocker,
nimmst du denn keine Medizin,
ich muss jetzt ganz schnell vom Hocker,
hab beim Hausarzt einem Termin."

„Gut, dann lass uns weitereilen,
denn wichtig ist die Pünktlichkeit,
kannst mich mal per Handy peilen,
hab heute wirklich keine Zeit!"

„Am Wochenende passt es mir,
da nehm´ ich mir eine Auszeit,
bin dann beim kühlen Gläschen Bier,
zum kurzen "Hallo" – durchaus bereit!"

Dein Lebensplan

Dir ist klar, Eins und Eins gibt Zwei,
und Zwei plus Eins natürlich Drei,
das ist für dich ganz wunderbar,
logisch und auch nachvollziehbar,
es erzeugt ein Gefühl von Macht -
jedoch der liebe Gott - der lacht.

Doch du gehst Schritt für Schritt voran,
das sagt dir auch dein Lebensplan,
weichst von deiner Linie nicht,
übst sie ständig aus, deine Pflicht,
so und nur so erlangst du Macht -
jedoch der liebe Gott - der lacht.

Jeden Tag erschaffst du dich neu,
bleibst ganz alleine dir nur treu,
hast schon dein neues Zukunftsbild,
gezeichnet auf ein großes Schild,
glaubst fest daran, es schenkt dir Macht -
jedoch der liebe Gott – der lacht.

Zigmal sagen wir

Zigmal sagen wir: „Wir könnten“, -
steh'n aber nicht auf, es zu tun,
auch wenn wir es sofort könnten,
zieh´n wir es stets vor auszuruh'n.

Zigmal meinen wir: „Wir wünschten“, -
packen es jedoch gar nicht an,
denn solange wir nur wünschen,
bleibt alles still und ungetan.

Zigmal denken wir: „Wir sollten“, -
bleiben aber so, wie wir sind,
denn solange wir nur sollten,
erleben wir kein Gegenwind.

Zigmal sollten wir “uns fügen“
und schwimmen mit dem großen Fluss,
um uns selber zu genügen,
fehlt´s aber meistens – am Entschluss.

Des Baches Wasser

Schau dir des Baches Wasser an,
dann erkennst du klar wie es fließt,
komm noch einen Schritt näher ran,
betrachte genau, was du siehst.

Es ist exakt dein Seelenleid,
und auch dein weinendes Gesicht,
niemand weiß darüber Bescheid,
und auch du selbst erkennst dich nicht.

Schau genauer ins Wasser hinab,
es tröstet dich mit Leichtigkeit,
deine Sorgen fallen langsam ab,
zum Frieden ist es nicht mehr weit.

Nun sieh noch tiefer ins Wasser,
stelle ihm all deine Fragen,
deine Schmerzen werden blasser,
es wird dir die Antworten sagen.

Jetzt kannst du deine Augen schließen,
deine Sorgen dem Wasser klagen,
mach dich frei und lasse sie fließen,
das Wasser wird sie für dich tragen.

Nimm dir Zeit, um zu dir zu finden,
das Wasser wird dein Begleiter,
du musst den Schmerz überwinden,
das Wasser hilft dir dabei weiter.

Und wenn du brauchst, des Wassers Schutz,
so kehre stets hier her zurück,
geh hin zum Bach, verlass den Schmutz,
und werde glücklich – Stück für Stück.

Der Tag war schön

Der Abend hat das Dorf umfangen,
Taggeräusche sind am verwehen,
ich verspüre plötzlich Verlangen,,
noch einmal kurz vor´s Haus zu gehen.

Der Himmel zeigt ein rosa Glimmen,
doch so ganz allmählich blasst es aus,
nur aus den Bäumen zwitschern Stimmen,
die verkünden, hier bin ich zu Haus.

Der Tag war schön, ich würde sagen,
das Blühen hat ihn müde gemacht,
er zeigte Grün in allen Lagen,
jetzt dunkelt er, wird zur Sternennacht.

Liebes Kind

Liebes Kind, lass dein Klagen sein,
hör doch auf mit deiner Trauer,
die Jugend ist nicht ewig dein,
ist für niemandem von Dauer.

Fürchte nicht den Ablauf der Zeit,
nicht die Falten, nicht das Wanken,
das was dein Körper außen zeigt,
ist nun mal nicht aufzutanken.

Betrachte mich, ich bin jetzt alt,
doch im Herzen jung geblieben,
auch meine Augen sind nicht kalt,
jeder Blick von mir kann lieben.

Beweine nicht, was du verlierst,
lobe das, was dir gegeben,
was du da äußerlich so liebst,
ist nur - ein Bruchteil vom Leben.

Ein strebsamer Mann

Es kam einst ein strebsamer Mann,
bei einem Buchverleger an,
überreichte ein Manuskript,
das er eigenhändig getippt,
Monate lang, ganz unbequem,
mit dem Ein-Finger-Such-System.

Der Verleger nahm´s, las es stumm,
kurz darauf lachte er sich krumm:
„Lieber Mann“, sprach der Verleger,
„sie sind mir ja ein ganz Schräger,
das was sie zusammengebaut,
ist doch teilweise fix geklaut!“

„Heinrich Heine, Max Frisch, Hans Hass,
Hermann Hesse und Günter Grass,
lese ich zwischen den Zeilen,
damit ist jetzt ihr Verweilen,
hier bei mir abrupt beendet,
hab viel zu viel Zeit verschwendet!“

Der Mann ging fort und dachte sich,
dann vermarkte ich selber mich,
ich schreib ´ne gute Geschichte,
dazu noch ein paar Gedichte,
keinesfalls verlier´ ich den Mut,
bis Buchverleger sagen: „Guuut!“

Gelehrte und Experten

Liebe Leute, macht den TV dicht,
schaltet ihn ab sofort nicht mehr ein,
stellt euch jetzt ein, auf Dauerverzicht,
lasst die Talkshows einfach Talkshows sein.

Lasst euch nicht mehr meschugge machen,
von Spinnereien der Gelehrten,
die für viel Geld nur Angst entfachen,
und behaupten, sie wär´n Experten.

Wie sagte schon Immanuel Kant:
„Frei ist stets nur der, der selber denkt,
um jeden Preis und für den Verstand,
Knecht bleibt nur der, dem gut eingeschenkt!“

Morgens am See

Schaut, wie sie die Schnäbel strecken,
ständig ihre Hälse recken,
denn ab acht Uhr, als wär's bestellt,
gibt's Futter für die Vogelwelt.

Schwäne steh´n vor meinen Füßen,
um mich freundlich zu begrüßen,
Maiskörner in sehr großer Zahl,
genießen sie als Morgenmahl.

Die grauen Gänse sind kecker,
helles Brot finden sie lecker,
kommen dafür sofort an Land,
fressen mir arglos aus der Hand.

Spatzen, diese frechen Schnösel,
picken blitzschnell all die Brösel,
die herunter gefallen sind,
und sich fortbewegen im Wind.

Dann ist die Futtertüte leer,
die Vögel wollen aber mehr,
drum kaufe ich für wenig Geld,
Leibspeisen – für die Vogelwelt.

Es wird immer schlimmer

Blitz und Donner, Wasserschwaden,
starker Sturm rast durch Stadt und Land,
verursacht großen Sachschaden,
von Bayern bis zum Nordseestrand.

Solch Unwetter gab´s früher auch,
doch hernach folgten Schnee und Eis,
wir kannten diesen Wetterbrauch,
genossen stets das stille Weiß.

Meist waren´s sehr kalte Winter,
Zimmerwärme half dem Gemüt,
draußen tobten Schlittenkinder,
Skiläufer gaben ihr Debüt.

Heute folgt nach Blitz und Donner,
Sturm, donnernde Wassermassen,
lautstark wie ein Vierzigtonner,
von dem Steine runter rasseln.

Wahrscheinlich wird es noch schlimmer,
mit dem Wetter, dem Verdrehten,
wir können nichts tun, wie immer,
uns bleibt nur – hoffen und beten.

Natur und Schöpfung

Die Natur mag ich, ganz ehrlich,
find die ganze Schöpfung herrlich,
bin tagtäglich entzückt von ihr,
sie ist und bleibt ein Elixier.

Doch wenn früh, am Sonntagmorgen,
hinter Zweigen gut verborgen,
die kreischende Krähe im Baum,
mich holt aus meinem schönsten Traum.

Dann ist Schluss mit Lob auf Schöpfung,
und mit Naturbewunderung,
ich brauch meinen Schlaf nebst Träume,
nicht Krähengekreisch auf Bäume.

Drüber hinweg gucken?

Grapschen, schubsen und randalieren,
die jungen Mädchen schikanieren,
Unworte sagen, zum Erbrechen,
wahllos mit einem Messer stechen,
Menschen, die schon am Boden liegen,
mit einem Fußtritt stolz besiegen.

Euros wollen sie auf die Krallen,
weil sie dir sonst eine knallen,
auch der Goldschmuck gefällt ihnen sehr,
sie klauen ihn und wollen noch mehr,
bist du dann nackig ausgezogen,
lachen sie dich aus, ganz verbogen.

Zwar fürchten wir solch Terroristen,
sitzen aber auf Sprengstoffkisten,
die wir damals packten und lachten,
und uns nichts schlechtes dabei dachten,
dies Problem mit Haken und Ösen,
sollte man besser, vorher lösen.

Doch jetzt, wo man sie beim Namen nennt,
kommt sofort das Gegenargument,
weil es den Gutmenschen so schmeckt,
ist es gleich - politisch inkorrekt.
Was übrig bleibt, ist Schulterzucken
und ganz schnell - drüber hinweg gucken.

Leider bin ich ...

Leider bin ich nicht so sehr dumm,
seh mich trotzdem öfter mal um,
doch das, was ich da täglich seh,
tut mir arg, in der Seele weh.

Gern wäre ich etwas dümmer,
dann müsst´ ich sicher nicht immer,
überall diese Fehler seh n,
von Andern - wo sie geh´n und steh´n.

Ich hätt´ so gern ein Loch im Hirn,
dazu noch eine flache Stirn,
dann könnte ich Sprüche wagen,
Himmel, Arsch und Zwirn mal sagen..

Auch hätt ich gern Gedächtnisschwund,
und einen recht bissigen Hund,
auf Menschen könnt´ ich ihn hetzen,
und mich hernach selbst verpetzen.

Als Fan würd´ ich gern Fußball schau'n,
dabei zig Zuschauer verhau'n,
dann wär ich Teil von der Masse,
die ich - seit eh und je – hasse.

Dummheit

Jede Dummheit ist zwar eine Last,
mit all ihren verzwickten Wegen,
doch zu Unrecht ist sie so verhasst,
denn irgendwie besitzt sie Segen.

Drum sind Neugierde und Wissensdrang,
sowie das ständig harte Streben,
ihr in keiner Weise von Belang,
sie will nur möglichst lange leben.

Um Miseren kümmert sie sich nicht,
in die der Mensch hineingeritten,
sie bleibt nur stets bei ihrer Ansicht,
es gibt Gebräuche und auch Sitten.

Mancher Stammtisch ist ein fester Hort,
für Menschen, die das Leben peinigt,
mit Wein spülen sie die Lasten fort,
meinen, der Weg sei so bereinigt.

Hingegen sagen wir: „Es ist schlecht,
zu pflegen solche Lebensweise.“
Jedoch der Dummheit ist es ganz recht –
sie sieht die Welt in bess´rer Weise.

Länder und Städte

Länder führen laufend Kriege,
Nationen wollen Siege,
nur in Städten treibt man Handel,
dort will man Frieden und Wandel.

Schon immer waren Stadt und Land,
für deren Bürger interessant,
denn die Städte machen Menschen frei,
auch wenn zig Landeier dabei.

Nur Länder wollen ständig Macht,
mit Raffsucht, mit Herrschaft, mit Pracht,
sie wollen stets dominieren,
der ganzen Welt imponieren.

Städte woll´n in Schönheit leben,
ihren Bürgern Wohlstand geben,
Freiheit und Kultur durchleben,
täglich stolz – nach Neuem streben.

Seelenschmerz

Man verliert so vieles im Leben
zum Beispiel Schlüssel, Gold oder Geld,
das alles und mehr kann es geben,
ist jedoch ersetzbar auf der Welt.

Doch wenn man einen Menschen verliert,
den man in sein Herz geschlossen hat,
dann ist man traurig, betrübt, schockiert,
fühlt sich erschlagen und völlig matt.

Man kann es einfach nicht begreifen,
das es kein Wiedersehen mehr gibt,
Gedanken sind nicht abzustreifen,
schließlich hat man von Herzen geliebt.

Dieses Leid tut in der Seele weh,
es lässt sich mit niemanden teilen,
es gibt keine Arznei, keinen Dreh,
nur Zeit - kann diese Wunde heilen.

Es klopfte an deiner Tür

Es klopfte an deiner Tür, ganz sacht,
du machtest nicht auf, warst am Grollen,
doch im Stillen hast du dir gedacht:
„Hätt´ ich wohl doch aufmachen sollen?“

Bist dann gerannt in deine Kammer,
warst mit schlechtem Gewissen getränkt,
im Haus hörte man dein Gejammer,
die Familie hast du gekränkt.

Das Klopfende wollt in dein Leben,
dir helfen, dir voll zur Seite steh´n,
neuen Mut und viel mehr dir geben,
doch die Tür blieb zu, du ließt Es geh`n.

Weit besser wäre es gewesen,
die Tür aufzumachen, nur ein Stück,
dann müsstest du hier jetzt nicht lesen,
an deiner Tür, das Es - war das Glück.

Alte Menschen

Alte Menschen gehen nicht mehr oft fort,
besuchen fast nur noch den stillen Ort,
weil Bewegungen nicht mehr gelingen,
müssen sie Sehnsuchtsträume erzwingen,
denn alles was schön war auf diesem Stern,
hatten sie stets in der Jugend so gern.

Heutzutag ist es ein hartes Ringen,
sich noch flott auf ein Fahrrad zu schwingen,
barfuß zu gehen durch ein Badehaus,
sich bei Kälte zu trauen aus dem Haus,
vorsichtig durch den Neuschnee zu laufen,
das ist für Alte, zum Haare raufen.

Alte sind geduldig und bleiben still,
wenn die hitzige Jugend es so will,
doch wenn sie sich voller Redefreude,
öffnen für die Welt der jungen Leute,
dann kann Wissen und Liebe der Alten,
bei den Jungen - wahre Freud´ entfalten.

Fremder Hund

Ein fremder Hund kommt mir entgegen,
der mir bis hinauf zum Nabel reicht,
sein scharfer Blick ist so verwegen,
dass sofort mein Selbstvertrauen weicht.

Das Pfefferspray hab ich vergessen,
auch ein Messer hab ich nicht zur Hand,
nichts, das als Waffe angemessen,
liegt hier irgendwo am Straßenrand.

Wild kommt er auf mich zugelaufen,
stößt die Pfoten gegen meine Brust,
ich hör sein Hecheln und sein Schnaufen,
dann ruft sein Herrchen: „Zurück Artus !“

„Entschuldigung, er will nur tollen,
er ist noch jung, wild und ohne Halt,
will allen Menschen Freundschaft zollen,
Erziehung lässt ihn noch ziemlich kalt.“

„Da kann ich mich ja glücklich schätzen,
dass er nicht gleich zugebissen hat.“
Ich geh und hör zu meinem Entsetzen:
„Artus, den Nächsten machst du richtig platt.“

Ständige Angst

Die Deutschen leiden verbissen,
vorn und hinten fehlt ihnen Geld,
Ihre Seele ist zerrissen,
weil ständige Angst sie befällt.

Krankheiten lauern überall,
AIDS, Parkinson und Schweinepest,
Alzheimer, Krebs, Schlaganfall,
die setzen im Gehirn sich fest.

Auch Kernkraft tötet ganz leise,
gleiches vermag die Pandemie,
Feinstaub wirkt auf seine Weise,
er zwingt die Atmung in die Knie.

So manch einer stirbt am Essen,
weil man es herstellt, aus viel Dreck,
es macht fett, das lässt sich messen
jeden Monat, beim Waagen-Check.

Uralt könnt´ der Deutsche werden,
biblisch alt, wie´s einst Moses war,
gäb's nicht diese Geldgierherden,
wär´s Dasein - einfach wunderbar.

Wir schnaufen im Duett

Mein Laubsauger hat wohl Gefühle,
ich will es keinesfalls verhehlen,
wahrscheinlich sind es ziemlich viele,
hab keine Lust diese zu zählen.

Oftmals kommen wir schwer zum Ziele,
denn immer wenn ich am Saugen bin,
denke ich, er mag wilde Spiele,
stark rüttelnd spinnt er dann vor sich hin.

Er saugt Laub oft auch in Mengen auf,
ich fahre ihn dann schnell herunter,
und wenn´s sein muss, setze ich mich drauf,
dann summt er wieder leis und munter.

Ganz gemütlich tingeln wir ums Haus,
dieses Miteinander find ich toll,
doch mein Laubsauger geht plötzlich aus,
ich nehm an, sein Beutel ist prall voll.

Drum schwing ich kurz mal meine Hüften,
meinem Sauger wird es dabei heiß,
ich muss ihn anstoßen zum Lüften,
welch ein Glück für ihn, dass ich es weiß.

Kraftvoll packe ich sein langes Rohr,
bin völlig sicher, ich hab's im Griff,
das kommt zwar nicht allzu häufig vor,
doch mein Hof kriegt so den letzten Schliff.

Am Ende schnaufen wir im Duett,
schlimm, wenn ich den Laubsauger nicht hätt,
ich finde ihn wirklich smart und nett,
doch schlafen werd ich – allein im Bett.

Von Liebe besessen

Zu den Wolken war ihr Herz geflogen,
ohne Fangnetz ist es losgezogen,
von heißer Liebe war es besessen,
hatte Fallschirm und Vorsicht vergessen.

Doch als Lügen es herunterschmissen,
wurde es schon in der Luft zerrissen,
zersprang blutend in zig tausend Scherben,
musste an den falschen Schwüren sterben.

Drum ist verliebten Herzen zu raten,
sich niemals in die Wolken zu wagen,
erfordert es jedoch das Liebesglück,
dann nehmt zumindest - einen Fallschirm mit.

Ändern, nicht Gendern

Verflucht, verdammt nochmal, zum Henker,
wo sind unsre Dichter und Denker,
Null Bock, kein Interesse, Null Zeit,
versinkt Dichtkunst in Vergessenheit ?

Da wär´s doch schade zu versprühen,
den Intellekt, mit viel Bemühen,
denn um Goethe, Heine und Schiller,
wird's auch am Büchermarkt stets stiller.

Humorlos nennt man Plattitüden,
die jeden Leser schnell ermüden,
Heinz Erhard und auch Ringelnatz,
die finden heute kaum noch Platz.

Reizen kann nur noch die nackte Frau,
voll mit Silicon im Körperbau,
der Liebe wird vieles geschuldet,
was man als Lyrik so erduldet.

Man schlürft die seelentiefsten Worte,
in sich hinein wie Sacher-Torte,
und stöhnt: „Na ja, so ist das Leben,
dass Meiste geht ja doch daneben."

Um das alles wieder zu ändern,
hilft schreiben und lesen - nicht gendern,
auch Sacher Torte hätte Einfluss,
würd man sie tauchen - in Rizinus.

Salzige Luft genießen

Ich stehe still am Nordseestrand,
Wellen erzeugen weißen Schaum,
Muscheln liegen verstreut im Sand,
die frische Brise spür ich kaum.

Mich betört das rauschende Meer,
sowie lautes Möwengeschrei,
auch salzige Luft mag ich sehr,
an diesem Ort fühl ich mich frei.

Ich genieße, will nicht denken,
schaue völlig entspannt umher,
lasse mich vom Umfeld lenken,
und gar nichts in mir - ist noch schwer.

Der erste Schnee

Bäume und Büsche, kaum entlaubt,
wurden mit Flocken eingestaubt,
kein Spiegelglanz mehr auf dem See,
alles bedeckt vom ersten Schnee.

Der Flockentanz hat über Nacht,
viel Zuckerguss ins Land gebracht,
Kinder, Männer und auch Frauen,
üben sich im Schneemann bauen.

Viele Zweige hängen gebückt,
einige sind schon abgeknickt,
stets verschont von diesem Leiden,
sind die schönen Trauerweiden.

Lang hat der Schnee nicht gelegen,
nicht auf Felder, nicht auf Wegen,
Kaninchen und Meister Lampe,
hoppeln zaghaft durch die Pampe.

Von den Zweigen, immer wieder,
klatscht Schneematsch zur Erde nieder,
und trotzdem hat die weiße Pracht,
sehr viele Menschen - froh gemacht.

Bedauernswert

Niemand hat ihn näher betrachtet,
er wurde einfach übersehen,
kein Mensch hat je auf ihn geachtet,
jetzt musste er für immer gehen.

Baumwollsocken in großen Massen,
zerfetzte Turnschuhe, widerlich,
schmutzige Tee und Kaffeetassen,
ein Kunststoffbeutel stinkt erbärmlich.

Ein Buch mit billigen Gedichten,
graubraune Unterhosen, einst weiß,
unter dem Nachtschrank Dreck in Schichten,
´ne alte Wolldecke riecht nach Schweiß.

Drei Stapel uralter Disketten,
auf ihnen klebt noch der Sonderpreis,
Kippen von Filterzigaretten,
ein Pappteller mit gekochtem Reis.

Bücher, Romanhefte, alter Tand,
Banner mit sehr gewagten Thesen,
ein Rentenbescheid, welch eine Schand,
zerknittert, wohl mit Hass gelesen.

Plastiksäcke, Kartons mit Flaschen,
Mehrweg, steht am Etikettenrand,
daneben liegen Einkaufstaschen,
sein Rentenzubrot war wohl – Flaschenpfand.

Lästige Wespe

Eine Wespe, jetzt zur Winterzeit,
macht sich hier, auf meinem Bildschirm breit,
putzt sich ihre Flügel, ziemlich dreist,
und geht mir gewaltig, auf den Geist.

Doch ich scheue mich, das zarte Tier,
einfach zu erschlagen, jetzt und hier,
ein altes Handtuch liegt zwar parat,
aber töten ist nicht adäquat.

Ich öffne die Terrassentür weit,
doch das Wespentier ist arg gescheit,
es verzichtet auf das Himmelsdach,
und fliegt zurück, in mein Wohngemach.

Zum Schluss hab ich aber keine Wahl,
denn das Sechsbeintier wird mir zur Qual,
mit dem Handtuch greif ich blitzschnell zu,
schlag es draußen aus - hab meine Ruh.

Herbstwetter

Ist deine Nase feucht und rot,
und deine Füße eisig kalt,
holst du dir schnell dabei den Tod,
wirst keine hundert Jahre alt.

Warme Schuhe braucht jetzt dein Fuß,
auch Stiefel wären angesagt,
das ist bei Herbstwetter ein Muss,
der Virus wird damit verjagt.

Doch hat er dich bereits erreicht,
dann mach dir einen Punsch mit Rum,
und wenn der Virus dann nicht weicht,
haut prompt - der Alkohol ihn um.

Jahreszeiten

Dem Frühling schwebt stets Neues vor,
er ist im Neubeginn Meister.
Der Sommer singt schön wie ein Chor:
„Ich vertreib die Frühlingsgeister“.

Der Herbst macht Sommerkleider alt,
er liebt die gelbbraunen Töne.
Der Winter mag´s gern nackt und kalt,
stiehlt dem Herbst das Bunte, Schöne.

So zanken sich die alten Herrn
schon seit ewig und drei Tagen.
Sie hatten sich noch niemals gern
konnten sich auch nie vertragen.

Mir ist es recht so wie es ist,
ich mag ihr ewiges Streiten.
Weil mein Gemüt so nicht vergisst -
gute und auch schlechte Zeiten.

Rechtsstreit

Heut bekam ich die frohe Kunde,
aus meines Rechtsstreit-Anwalts Munde,
beendet sei nun der lange Streit,
das Krankenhaus wär´ nunmehr bereit,
als Wiedergutmachung für Qualen,
mir einen Geldbetrag zu zahlen.

Es entstand diese Situation,
durch eine Leber-Transplantation,
die zwar hundertprozentig gelang,
doch daheim kam ein gewisser Zwang,
ich konnte ihn auch nicht verkneifen,
musste stets zur Schnapsflasche greifen.

Später bei der Arztkonsultation,
erfuhr ich, dass die Operation,
zwar gut gelang, aber Gott-verdammt,
die Leber von einem Trinker stammt,
egal - wenn´s Geld hier ist, dann sei´s drum,
steig ich sofort - auf Champagner um.

Gewisse Menschen

Sie sorgen sich um Frosch und Kröten,
befreien sie aus größten Nöten,
währenddessen würgt im Pflegeheim,
ein betagter Mensch an zähem Schleim,
dem Pfleger ist egal sein Siechen,
wenn's drauf ankommt, lässt er ihn kriechen.

Als Mahnketten halten sie Händchen,
feiern sich als edle Gutmenschen,
schimpfen ständig laut gegen den Krieg,
fordern Frieden, wenn möglich den Sieg,
derweil sterben durch wildes Rasen,
Personen auf Hauptverkehrsstraßen.

All das ist für sie noch kein Kummer,
zu groß ist für sie diese Nummer,
am besten ist es um sie bestellt,
wenn sie gleich retten, die ganze Welt.
Sie sind strohdumm, sprachlich am Gendern,
solch Typen – woll´n die Welt verändern.

Der reife Apfel

Er liegt noch glänzend in der Schale,
fühlt sich gereift und völlig gesund,
dann nähert sich mit einem Male,
ein Zahnkranz, beißt in sein pralles Rund.

Der Apfel, der den Biss bedauert
und sein schönes Wangenrot vermisst,
bemerkt und ist erneut erschauert,
dass man ihn mit festen Bissen isst.

Jetzt ist nur noch das Kernstück da,
mit einem äußerst harten Stiel,
für den Apfel, der einst schön war,
bleibt der Kompost – vom Daseinsspiel.

Sinneswandel

Du bist irgendwann, irgendwie,
zu mir in mein Leben geweht,
erst jetzt erkenn ich, dass ich nie,
gewusst habe, wie's um mich steht.

Nur allein fühlte ich mich frei,
fand jedoch niemals richtig Ruh,
ich dachte, dass es Freiheit sei,
umher zu wirbeln, immerzu.

Nun hab ich mich nach kurzer Zeit,
hervorragend an dich gewöhnt,
bin ruhig, fühle mich befreit,
weil dein Sinn – sich an meinen lehnt.

Spätsommerzeit

Die letzten Sommersonnenlichter,
erwärmen nur wenig die Landschaft,
und aus der Bäume Laubgesichter,
verschwindet langsam der grüne Saft.

Bei den aufgestellten Korngarben,
die wachend auf den Feldern stehen,
sieht man den Herbst in vielen Farben,
auch Drachen kann man steigen sehen.

Schleichend dringt in die Sommerblüte,
der kühle Atem des Herbstes ein,
auch sein oft frostiges Gemüte,
wird bald überall zu spüren sein.

Die Spätsommerzeit muss nun gehen,
in Kürze ist sie Vergangenheit,
dann ist berauschend anzusehen,
der Herbst - mit seiner goldenen Zeit.

Gut, dass es Dich gibt

Ich war zu scheu, sie Dir zu sagen,
die drei Worte nur...ich Liebe Dich!
ich möchte Dich auf Händen tragen,
drum frag ich Dich...liebst Du auch mich?

Es gibt so viele dumme Fragen,
doch die Antwort liegt längst auf der Hand,
wir geh´n Arm in Arm, seit zig Tagen,
durch Glück, Freud und Leid in diesem Land.

Das Leben ist kein Zuckerteller,
deshalb ist es gut, dass es Dich gibt,
vielleicht macht "dies" Dein Leben heller:
„Ich hab nur Dich - Dich alleine lieb."

Es wird wieder wie früher

Dein zarter Kuss macht mich glücklich,
erweckt mein Herz zu neuem Mut,
das alleine sein war schrecklich,
doch jetzt wird alles wieder gut.

Es wird genau wie früher sein,
als uns die Leidenschaft verband,
jetzt bin ich dein und du bleibst mein,
den alten Zwist bedeckt der Sand.

Unsre Zukunft wird vergnüglich,
wahre Liebe hält für immer,
du und ich, wir werden glücklich,
ne´ Trennung gibt´s für uns - nimmer.

Den Geist schützen

Für alles was Dich stört im Kopf,
gibt es einen gewissen Knopf,
für Fernseher und Telefon,
für´s Radio und Mikrophon.

Auch für den Kaffeeautomat,
oder den Rasierapparat,
für CD und PC-Programm,
und all diesen Elektro-Kram.

Ebenfalls für´s Werbegeschrei,
den Wahlaufruf einer Partei,
auch für den Handyton, der quält,
und dem lauten Gebell: „Verwählt !"

Den Geist musst du davor schützen,
und schnell den Daumen benützen,
bevor Du verrückt wirst im Kopf,
drücke schnellstens - den Ausschaltknopf.

Ändere Dich

Du hast viel zu tief ins Glas geguckt,
gnadenlos die Prozente geschluckt,
Du warst mal wieder sternhagelvoll,
schick ihn zur Hölle, den Alkohol.

Du hast zu viel Zigaretten gepafft,
die Lunge pfeift, dem Kreislauf fehlt der Saft,
Du sagtest doch: „Nie mehr rauchen – nie.“
verfluche sie, die Tabakindustrie.

Du hast wieder zu fett gegessen,
Dich auch noch maßlos überfressen,
gönn dem Magen Ruh, er leidet Not,
lass Deine Finger weg, vom Fast-Food.

Du hast seit Tagen nur gelegen,
hast keine Lust Dich zu bewegen,
so geht es nicht weiter- mitnichten,
ÄNDERE DICH -
sonst wirst Du Dich bald selbst - hinrichten.

Schlecht aussehen

Schon als Schulkind hörte ich mit Wut,
es sei viel zu mürrisch, mein Gesicht,
die dunklen Augen seien nicht gut,
ich würd ausseh´n wie ein Bösewicht.

Auch ganz locker sollte ich gehen,
stets mit einem Lächeln auf dem Mund,
die Welt als eine Schönheit sehen -
dieses gab man mir tagtäglich kund.

Damit die Leut´ gar nicht erst toben,
hielt ich´s für den allerbesten Rat,
recht viele Grimassen zu proben -
das ich stundenlang vorm Spiegel tat.

Doch jeder Rat ging in die Binsen,
es gab nur Tadel und keinen Dank,
man sagte: „Lass Dein blödes Grinsen,
sonst denkt man noch - du seist Geisteskrank !“

Rauferei

Die Leute kommen angelaufen,
hier sind Zwei, die werden gleich raufen,
sie haben aufgehört zu schnurren,
man hört sie nur noch lauthals knurren.

Viel, viel lauter noch, als ein Orkan,
entlädt sich kampfbereit, ihr Organ,
die Ohren sind seitwärts angelegt,
der Kopf wird nur ganz langsam bewegt.

Dann, nach lautem Fauchen und Geschrei,
werden ungeahnte Kräfte frei,
die Pfoten preschen blitzschnell hervor,
treffen des Gegners Auge und Ohr.

Es geht weiter, ohne Kompromiss,
kräftig eingesetzt, wird das Gebiss,
die Härchen fliegen büschelweise,
bei Einem geht ein Zahn auf Reise.

Völlig auf Prügelei versessen,
wurde wohl der Anlass vergessen,
ging es um das eigene Revier,
oder ums Fressen, pünktlich um Vier.

All den Zuschauern ist es egal,
den Sieger kennen sie allemal,
Meiers Kater hat 'nen guten Lauf,
und heute ist er - extrem gut drauf.

Facebook-Welt

Es darf nicht wahr sein, ich schmeiß mich weg,
was ich heute hier erfahren muss,
ich sei ein Spinner, ein Facebook-Schreck,
ein Reim-Verderber von Kopf bis Fuß.

Stand was von mir im Facebook-Portal,
gingen die Schultern in die Höhe,
bisher war so etwas ganz normal,
plötzlich plagen manchem die Flöhe.

Da zieht ganz sicher auch ein Blümlein,
das sich lyrisch und zart beblättert,
ganz schnell seine grüne Knospe ein,
weil es sich blöd fühlt und bedeppert.

Doch so ist nun mal die Facebook-Welt,
ein Abbild von der Welt dort draußen,
ganz egal, wie man sein Feld bestellt,
einer findet´s bestimmt – zum Grausen.

Nicht meckern

Wenn sich im Mensch die kleinen Schwächen,
ganz langsam aber sicher rächen,
dann schwillt die Leber, streikt die Galle,
und auch die Puste ist fast alle.

Jeder hat so seine Zipperlein,
es knackt im Rücken, es zuckt im Bein,
die Nieren verursachen Schmerzen,
arge Stiche kommen vom Herzen.

Oftmals lichten sich auch die Haare,
als Quittung für die tollen Jahre,
die Haut wird übersät mit Falten,
der Vorgang ist nicht aufzuhalten.

Dies und mehr ist normal im Leben,
meckern bringt nicht´s - so ist es eben.

Mein Vogelhaus

Seit Wochen bin ich richtig stolz,
auf mein Vogelhaus aus Sperrholz,
schau ich zu meinem Fenster raus,
blick ich direkt auf′s Vogelhaus.

Stets lässt sich ein Vogel blicken,
um die Körnchen dort zu picken,
ich bewundre ihn, Tag für Tag,
er spürt gewiss, dass ich ihn mag.

Doch heute dachte ich – oh Graus,
da schaut ja gar kein Vogel raus,
wo ist es nur, mein Federtier,
gestern Mittag, war´s doch noch hier.

Dann blicke ich ins grüne Gras,
und siehe da, dort rührt sich was,
ich seh´ Nachbars Perser-Katze,
mit der flinken grauen Tatze.

Ganz still sitzt dieses Fellgetier,
zig Vogelfedern neben ihr,
ich schließ mein Fenster, extra laut,
die Katz hat mir – den Tag versaut.

Heftiger Streit

Abends, als unser Streit eskalierte,
dass überall die Luft vibrierte
und die Worte schossen immer rauer,
da wurde im Glas der Rotwein sauer.

Der Wellensittich flatterte ins Nest,
im Fernseh, "Zoff auf dem Oktoberfest",
unser Kater flitzte mit einem Dreh,
unter das nagelneue Kanapee.

Laut schrie der Nachbar und schlug an die Wand:
„Ihr Streithähne, seid ihr noch bei Verstand ?"
Unsere Messer waren scharf gewetzt,
wir hätten uns ganz sicher noch verletzt.

Doch dann mussten wir plötzlich laut lachen,
und uns über den Streit lustig machen,
so, dass wir die Gründe nicht mehr kannten,
in die wir uns so lauthals verrannten.

Auch der Wein wurde wieder süß im Glas,
als der Sittich zwitschernd im Käfig saß,
der Kater kam hervor, schnurrte „miau" -
uns wurde klar – Tiere sind wirklich schlau.

Freitag der Dreizehnte

Hab schlecht geschlafen letzte Nacht,
zigmal bin ich aufgewacht.
Heut früh bin ich total geschafft,
hab mich nur langsam aufgerafft,
schau auf den Kalender – oh je,
es ist Freitag, der Dreizehnte.

Jetzt bin ich wütend ohne Grund,
könnte bellen wie ein Hund,
schlag hinter mir die Klotür zu,
verlier dabei den rechten Schuh,
den Linken schieß ich in den Flur,
treff haargenau die Kuckucksuhr,
es kracht und scheppert ungemein,
zum Glück bin ich im Haus allein.

Doch ich werd und werd nicht munter,
rutsche, fall die Treppe runter,
zieh mich hoch am Holzgeländer,
denk nicht an den Blumenständer,
der seitlich und mit voller Wucht,
den Weg zu meiner Schulter sucht,
sie schmerzlich trifft und dann zerbricht -
die Scherben hab ich im Gesicht.

Nichts wie weg und Kaffee trinken,
tief in einen Sessel sinken,
so denke ich und stehe auf,
lass dem Schicksal seinen Lauf,
auch wenn ich heut noch leiden muss,

mit dem Gedicht ist hier jetzt Schluss.
Hab zum Lesen dich bewogen,
doch meine Zeilen - sind gelogen.

Sucht

Der Tag ist klar, die Luft steht dumpf,
doch die Welt erscheint ihm öde,
der Schädel brummt, das Hirn denkt stumpf,
was er sieht, wirkt trüb und blöde.

Er spürt wie das Gedächtnis weicht,
auch sein Leib ist müde und schlapp,
manchmal schwebt er dahin, ganz leicht,
kommt jedoch nicht mehr voll auf Trab.

Tabletten braucht er für den Schlaf,
nur so gelingt´s zu vergessen,
doch seine Sicht wird nicht mehr scharf,
die Sucht hat ihn längst - zerfressen.

Fluch der Zeit

Einst hielt so mancher Gartenzwerg,
mit seinem Glanz nicht hinterm Berg,
er strahlte und war zufrieden,
weil viel Ruhe ihm beschieden.

Heut verschwinden Gartenzwerge,
Menschen reisen in die Berge,
buchen lange Urlaubsreisen,
wollen sich ständig beweisen.

Drum verschanzt man immer schneller,
Gartenzwerge tief im Keller,
dort wo Blumenkästen stehen,
die grau und hässlich aussehen.

Niemand will sie mehr bestücken,
seinen Garten damit schmücken,
weil er längst herrscht, der Fluch der Zeit,
der sich auch nennt – Bequemlichkeit.

August

Was bist du nur für ein August,
Regen, Regen, ständig Regen,
du nimmst den Menschen jede Lust,
sich nach draußen zu bewegen.

Schieb diese dunklen Wolken fort,
lass die Sonne wieder strahlen,
mach beides möglichst im Akkord,
und befrei das Land von Qualen.

Du bist August und nicht April,
also bitte, zeig dich auch so,
werd wieder freundlich, warm und still,
der Mensch wär´ dankbar und auch froh.

Gemütlicher Abend

Heut Abend geh ich früher heim,
ganz sicher noch bei Tageslicht,
um noch zu schreiben einen Reim,
bevor die lange Nacht anbricht.

Ich setz mich auf die Gartenbank,
schau den fleißigen Bienen zu
lausche auch dem Vogelgesang,
der mir versüßt, die Abendruh.

Ein Gläschen Wein schenk ich mir ein,
genieße es bis hin zur Nacht,
erst später dann, bei Mondenschein,
wird mit dem Reimen - Schluss gemacht.

Nächtliches Gewitter

Gewitter, Regen hämmert nieder,
die Dachrinne wird zum wilden Bach,
es donnert immer, immer wieder,
ich liege im Bett und bin hellwach.

Der Regen klatscht gegen die Scheiben,
ein heller Blitz schlägt irgendwo ein,
doch bei diesem Unwetter-treiben,
schaue ich ziemlich schlaftrunken drein.

Ich seh´ Wolken die langsam ziehen,
über dampfende Dächer der Stadt,
und Menschen, die wie Schafe fliehen,
weil ihr Schäfer sie vergessen hat.

Gewitter, Regen prasselt über´s Land,
doch dann wird's leise, still wird die Nacht,
ich hör nur noch die Uhr an der Wand,
und seh´ am Himmel – die Sternenpracht.

Alle Worte

Neulich habe ich in einer langen Nacht,
einmal über folgendes nachgedacht -
wenn alle Worte, die ich je gesprochen,
nicht in Minuten, Stunden, Tagen, Wochen,
nein alles, was ich gesagt hab im Leben,
in einen Computer hätte eingegeben.

Dann könnte ich nach jahrelangem Tippen,
jetzt und heute nur mit den Fingern schnippen,
und so mit Knopfdruck, ohne mich zu schinden,
das häufigst gebrauchte Wort herausfinden.
Wie hieß´ dann zum Schluss das Resultat für mich?
Ich bin mir sicher, es wär´ das Wörtchen - ICH.

Fit wie ein Turnschuh

Früher war ich fit wie ein Turnschuh,
heut bin ich ausgelatscht und kaputt,
ich hab zwar irgendwie meine Ruh,
doch das ist auf Dauer auch nicht gut.

Wer will schon gern im Abseits stehen,
nur weil er alt, schlaff und faltig ist,
auch Schwierigkeiten hat beim Gehen,
manchmal Worte sagt und dann vergisst.

Doch es ist nun mal so auf Erden,
im Alter fehlt der gewisse Schwung,
es wird auch niemals anders werden,
nichts und niemand bleibt – für immer jung.

Warum noch wählen

Warum gehen wir noch wählen,
weshalb, wofür Stimmen zählen,
bei solch Zusammenwürfelei,
entsteht doch nur Bananenbrei.

Ist die Suppe erst versalzen,
und vorbei das Fingerschnalzen,
mixen alle den gleichen Fraß,
namens Parteienhaushaltsmaß.

Dazu kommt auch noch aus Brüssel,
die Regel zur Salatschüssel,
das, was zu krumm gewachsen ist,
gehört ab sofort, auf dem Mist.

Das Volk an der Nas rumführen,
fordern, Steuern und Gebühren,
und dann für dieses Nichtkönnen,
sich selbst mords Diäten gönnen.

Obwohl sie wissen, es klingt hohl,
nennen sie es Gemeinschaftswohl,
verlangen vom Volk stets mehr Geld,
um´s zu verteilen – in der Welt.

Gesunder Verstand

Wenn mich manch einer nicht versteht,
dann muss ich´s leider ertragen,
weil's vielen ganz genau so geht,
wenn sie Dummköpfen was sagen.

Die kichern dämlich vor sich hin,
sind beim Spotten größer als groß,
doch letztlich stellen sie darin,
ihre eigene Dummheit bloß.

Die Medien versorgen sie,
mit den billigsten Parolen,
die sie, so blöde wie kein Vieh,
stets kritiklos wiederholen.

Ein Dummkopf wäre nicht so arg,
wenn er daheim alleine wär',
doch leider macht ihn stolz und stark,
das große dumme Menschenheer.

Denn diese Masse ruiniert,
tagtäglich unser schönes Land,
in dem die Dummheit triumphiert,
über den - gesunden Verstand.

Schuhwerk

Die Sandalen der Vandalen,
waren ganz sicher nicht bequem,
ein Fußmarsch sorgte für Qualen,
Schuhwerk war damals ein Problem.

Heutzutage gibt es Treter,
die man kaum noch bezahlen kann,
echt Leder ist jeder Meter,
den man von den Rindern gewann.

Jeder kennt die teuren Marken,
mit Spikes und mit Polsterluft,
rutschfest fast wie Gartenharken
und außerdem auch noch mit Duft.

Sandalen werden stets enger,
schließen kann man sie kreuz und quer,
doch auch sie halten nicht länger,
wie auf den Straßen weicher Teer.

Heut gilt, Kleider machen Leute,
und aus Tierhaut macht man den Schuh,
so war´s früher, so ist´s heute
und leidtragend - ist meist die Kuh.

Urlaub im Ferienhaus

Die Arbeitszeit ist jetzt zu ende,
lang ersehnter Urlaub ist nun da,
ab morgen beginnt eine Wende,
weil ich in mein Ferienhaus fahr.

Bei Sonnenaufgang düse ich hin,
in diese idyllische Gegend,
doch schon bald verfinstert sich mein Sinn,
weil ich spüre, es wird aufregend.

Vertrocknet seh ich meine Blumen,
Tassen und Teller kleben am Tisch,
auf der Schlafcouch liegen Brotkrumen,
und auf einem Sessel klebt noch Fisch.

Die Bettwäsche schimmelt leicht ocker,
und im Kühlschrank glitzert es grüngrau,
das Klo ist verschmutzt und arg locker,
die Spülung hat einen Wasserstau.

Zwei Fenster sind gänzlich zertrümmert,
im Walmdach sind ein paar Ziegel weg,
es läuft zügig und unbekümmert,
an einer Innenwand schwarzer Dreck.

Renovierung ist kaum zu schaffen,
mein Urlaub ist nur drei Wochen lang,
ich mache mich doch nicht zum Affen,
und werde womöglich auch noch krank.

Ich setze mich jetzt in den Garten,
telefoniere mit Makler Kraus,
sag ihm: „Bitte Annonce starten,
mit Text - Verkaufe gepflegtes Haus.“

Mein Friseurbesuch

Ich seh auf dem Kopf aus wie ein Bär,
drum gehe ich schnellstens zum Friseur,
der fragt mich super freundlich und nett,
wie ich die Frisur denn gerne hätt'.

„Ach guter Mann, ich hätte es gern,
besonders schick und möglichst modern,
ich möchte richtig gut ausschauen,
hab zu ihnen vollstes Vertrauen".

„Kürzen sie´s um zwei Zentimeter",
sage ich eine Minute später,
doch ich spreche wohl zum Schneidgerät,
das mir flott, zig Büschel Haar abmäht.

Irritiert schau ich in den Spiegel,
oh je, ich seh aus wie ein Igel,
Meckischnitt, total kurz und modern,
nein, oh nein, so etwas liegt mir fern.

Es ist furchtbar, meine Haare steh´n,
ich will hier jetzt raus, muss sofort geh´n,
betrachte daheim meinen Haarschnitt,
schimpfe, fluche und schreie: „Igitt".

Nun habe ich es vollkommen satt,
mache den Meckischnitt nass und platt,
trockne ihn, seh wieder aus wie ein Bär,
renn hinaus – zu einem andern Friseur.

Ein stolzer Hahn

Ein stolzer Hahn grübelt auf dem Mist,
was denn wohl der Sinn des Lebens ist,
täglich nur auf dem Haufen zu steh´n,
findet er blöd, ebenso das kräh´n.

Er will Karriere, will ganz nach oben,
dort werden dann alle ihn loben,
er kräht und flattert, stellt hoch den Kamm,
macht stundenlang ´nen wahnsinns Tamtam.

Doch ein Adler, der am Himmel kreist,
überlegt, wie er den Hahn verspeist,
er stürzt steil hinab, packt kraftvoll zu,
steigt wieder hinauf, und schon herrscht Ruh.

So hat sich´s der Hahn wohl nicht gedacht,
denn schon kurz darauf - wird´s um ihn Nacht.
Oft kommt's so, wenn man zu gierig ist
und nicht zufrieden – mit dem eignen Mist.

Kranke Arbeitswelt

Es ist schon halb Sieben, mein Wecker schellt,
ich werd‘ schnell wach, weil ein Hund draußen bellt,
den Nachbar hör ich auch, er ist Bassist,
jetzt frag ich mich, wie spät´s wirklich schon ist.

Ich schau zur Uhr, halb Acht, jetzt muss ich geh´n,
wann ich zurück komme, werde ich seh´n,
furchtbar, früh ins Geschäft, abends nach Haus,
ich frag mich langsam: „Wie komm ich da raus ?“

Mein Arbeitstag ist stressig, hart, fürwahr,
wie´s auch in den letzten Jahrzehnten war,
deshalb kommt mir die Frage in den Sinn:
„In welch kranker Arbeitswelt ich hier bin ?“

Die Hälfte vom Lohn als Steuer zahlen,
und betrogen werden bei den Wahlen,
Geld wird verschenkt an Fremde die rumgammeln,
und ich soll im Alter - Pfandflaschen sammeln.

Ein knackiger Apfel

Eine Made saß, es war taghell,
vor einem prächtig dicken Apfel,
sie hatte ihn sich auserkoren,
um ihn gründlich zu durchbohren.

Doch wollt' partout ihr nicht gelingen,
in diesen Apfel einzudringen,
wie sie auch bohrte und sich wand,
nirgendwo sie einen Einlass fand.

Doch ganz nebenbei, da fiel ihr auf,
ein Klebeschild mit Buchstaben drauf,
als sie las, was da geschrieben stand,
hat sie ihren Irrtum schnell erkannt.

Dieser knackige Apfel, oh je,
wurde gefertigt, aus PVC,
fix kroch die Made in den Garten,
fand einen Apfel – einen Zarten.

Ein lyrisch denkender Mann

Ein Mann, der schon zig Jahre dichtet,
der lyrisch allerlei berichtet,
ist auch noch mit Humor gesegnet,
weil er dem Sein, fröhlich begegnet,
er hat sich der Lyrik verschrieben
und ist ihr immer treu geblieben.

Dieser Mann, von dem die Rede ist,
ist ein betagter Pensionist
und mit Frau Lyrik so verbandelt,
dass sie ihn geistig hat verwandelt,
soll heißen, weil ihn die Dame lenkt,
der Mann nur noch in Versen denkt.

Sogar in seinen wirrsten Träumen,
wagt er reimend, nichts zu versäumen,
deshalb hat er schon so manche Nacht,
mit Gedichten traumhaft zugebracht,
meistens ist es ihm auch noch geglückt,
sie zu halten, damit nichts entrückt.

Im Gegenteil, es blieb meist ganz und gar,
gegenwärtig, wie´s im Traum geschah,
so wie dieser lyrische Bericht,
wurde es, zum Glück, kein Traumgedicht,
denn der Mann hat ihn noch in der Nacht,
fast schlafwandelnd - zu Papier gebracht.

Die Lüge

Man sagt, sie hat kurze Beine
und trotzdem ist sie blitzschnell da,
Freunde hat sie zum Glück keine,
die machten sich beizeiten rar.

Scheinheilig und um zig Ecken,
kommt sie als Lüge gebogen,
sie ist Meister im Verstecken,
hat immer wieder betrogen.

Gerne spielt sie ihr linkes Spiel,
das sie auch niemals gern verliert,
gewinnen ist ihr einzig Ziel,
weil als Verlierer sie krepiert.

Mit mieser Falschheit im Gesicht,
lacht sie Menschen frech entgegen,
sie ist und bleibt ein Bösewicht
und wird nicht einmal – verlegen.

Ein harter Job

Auf dem Kopf einen Südwester
und tief im Meer das große Netz,
so bewältigst du als Bester,
das ewige Seemannsgesetz.

Den Anker zu deiner Rechten,
einen Gummianzug am Leib,
aufrecht wehrst du den Mächten,
nährst deine Kinder, nährst dein Weib.

Das weite Meer ist dein Leben
und das Fischerboot dein Haus,
um zig Fischschwärme zu heben,
fährst du tagtäglich weit hinaus.

Früh morgens wirfst du die Netze,
holst sie spät abends wieder ein,
fernab vom Alltagsgehetze,
denkst du: „Schön - ein Fischer zu sein“.

Ihr seid der Zündstoff

Ihr Heuchler redet von Menschlichkeit,
von Mitgefühl und von Seelenleid,
zündet Kerzen an, haltet Ketten,
wollt die Natur und Welten retten.

Euch wird nicht mal klar, in eurer Wut,
dass ihr Zündkopf seid, von dieser Brut,
die ungeniert die Erde zerstört,
damit mehr und mehr, nur euch gehört.

Leider gehört ihr nun mal dazu,
der klar Denkende versteht's im Nu,
ihr habt Gold, Geld und echtes Leder,
woher es kommt, das weiß längst jeder.

Dicke Autos fahrt ihr, das tut weh,
fummelt mit Smartphones, sucht einen Dreh,
prüft Angebote für's Vernetzen,
lasst euch durch alle Sparten hetzen.

Das, was früher einmal Status war,
ist für euch nichts wert, war niemals da,
Steaks sind täglich euer Hauptgericht,
Hunger armer Menschen seht ihr nicht.

Euer dummes Geschrei ist suspekt,
weil es ständig den Widerstand weckt,
macht Schluss mit den Heuchler-Allüren,
kehrt mal - vor euren eignen Türen.

Regentropfen

Zaghaft werden sie geschoben,
ganz spielend leicht von Windes Hand,
fallen meist im kleinen Bogen,
hinunter auf das weite Land.

Leicht glitzernd und kristallen klar,
nur durch der Lüfte warmen Hauch,
fallen sie zur Erd´, Jahr für Jahr,
benässen Gräser, Baum und Strauch.

Sie sind des Ursprungs Elixier,
ohne sie gäb es kein Leben,
sie spenden Kraft dem Mensch, dem Tier,
nichts Wichtigeres kann´s geben.

Morgens vor meinem Haus

Vogelgezwitscher, rauschende Blätter,
ein Käfer der einen Grashalm erklimmt,
Sonnenstrahlen bringen T-Shirt-Wetter,
es weht ein leichter, warmer Sommerwind.

Schmetterlinge flattern im Blumenbeet,
man könnte meinen, dass sie Tänzer sind,
von denen jeder nach Rampenlicht späht,
es weht ein leichter, warmer Sommerwind.

Dröhnender, hupender Straßenverkehr,
Autos brausen klimatisiert und geschwind,
die Hitze flimmert dicht über dem Teer,
es weht ein leichter, warmer Sommerwind.

Müllmänner leeren schwarze Tonnen aus,
bei meinem Nachbarn weint ein kleines Kind,
all das, hör und seh´ ich vor meinem Haus,
ich geh rein, es wird zu warm - wie ich find.

Eigenes Zuhause

Jeder Mensch baut gern sein Zuhause,
um zu zeigen seinen Ankerplatz,
der Heimat ist, gleich einer Klause,
in der Ruhe herrscht und keine Hatz.

Architekt muss man keinesfalls sein,
noch nicht einmal technisch belesen,
ein Hausbesitzer schwört Stein und Bein,
das eigne Heim ändert das Wesen.

Denn nur dort, wo man sich niederlässt,
dort hat man sein Herz hingetragen,
freudig wird's hergehen, nie gestresst,
man meistert alle Lebenslagen.

Nur so wird man heimisch und Liebkind,
heimatlos ist man dann nimmermehr,
denn dort, wo die festen Wurzeln sind,
wächst unaufhaltsam – ein Rosenmeer.

Nichts Böses denken

Schau wie er pafft, ohne Disziplin,
einen Glimmstängel nach dem andern,
wie die Finger, gelb vom Nikotin,
zwanghaft zum vollen Päckchen wandern.

Der sieht im Dasein keinerlei Sinn,
lebt nur im Heute, nicht im Morgen,
gibt sich ständig den Genüssen hin,
macht sich um Gesundheit keine Sorgen.

Doch was soll es, was geht es mich an,
ich gönne mir lieber ein Gläschen,
erst einen Cognac, und später dann,
halt ich ins Rotweinglas mein Näschen.

Das tut auch meiner Gesundheit gut,
ich muss den Ärzten Glauben schenken,
Rotwein stärkt - drum runter mit der Flut
und bloß dabei - nichts Böses denken.

Hagelschauer im Sommer

Einer prallen Wolke platzt der Bauch,
sie lässt ihrem Inhalt freien Lauf,
wie Reis aus einem offenen Sack,
fallen Körner zur Erde herab.

Diese Kugeln in kristall´ner Pracht,
knallen hernieder mit aller Macht,
wie im Theater, vor jedem Akt,
schlagen sie auf im stürmischen Takt.

Sie prallen hart auf Baum, Strauch und Gras,
trommeln wild gegen das Fensterglas,
springen und hüpfen über Asphalt,
zeigen das Spiel der Naturgewalt.

Überall macht sich der Hagel breit,
man könnte meinen, es hätt´ geschneit,
doch gibt der Himmel die Sonne frei,
ist's mit der weißen Pracht - rasch vorbei.

Morgens auf der Terrasse

Der Tag beginnt, es geht die Nacht,
Tropfen glitzern noch auf Zweigen,
durchs letzte Grau die Sonne lacht,
Bienen tanzen schon im Reigen.

Ich sitz still da, trinke Kaffee,
bin gedanklich noch am träumen
und neben mir fallen, wie Schnee,
zig Blüten von den Obstbäumen.

Dem Nachbar ist es einerlei,
er hantiert mit bunten Fahnen,
schickt seinen Sohn zur Metzgerei,
ein Grillfest lässt sich erahnen.

Ich wend mich meinem Reimen zu,
lass mich von Gedanken tragen,
das gibt Kraft und innere Ruh.
„Schön ist die Welt“ - hör ich mich sagen.

Ich bin so, wie ich bin

Schon als Kind hörte ich den Tadel:
„Mach nicht ständig solch böses Gesicht,
die scheuen Blicke sind dein Makel,
deinen Mitmenschen gefällt das nicht.“

„Du musst stets froh und locker gehen,
ein Lächeln gehört auf deinen Mund,
dann wird man dich täglich, gern ansehen.“
So gab man es mir fortwährend kund.

Damit sich alle besser fühlten,
hielt ich mich an den erteilten Rat,
Grimassen musste ich einüben,
das ich dann vor einem Spiegel tat.

Doch jeder Rat ging in die Binsen,
nur getadelt wurde ich zum Dank:
„Lass endlich mal dein dummes Grinsen,
sonst denkt man noch, du bist Geisteskrank.“

Das hat mir dann den Rest gegeben,
ich gab mich einfach, so wie ich bin,
seit dem ging nichts mehr daneben,
und mein Leben hatte - wieder Sinn.

Abends am Meer

Etwas Leckeres ess ich gerne,
abends nah am Meer im Restaurant,
schaue mir an die vielen Sterne,
finde sie äußerst interessant.

Wein trinke ich auf der Terrasse,
betrachte den menschenleeren Strand
und lausche, wie der Wogen Masse,
langsam still wird auf dem feinen Sand.

Lang sitze ich da bei Kerzenschein,
lasse mich streicheln vom lauen Wind,
ich fühle mich wohl so ganz allein,
spüre nicht mal – wie die Zeit verrinnt.

Naturorchester

Regen tropft ans Fenster leise,
wie eine zarte Symphonie,
auf ganz besondere Weise,
erkennt man eine Melodie.

Leicht abgewandt von Akribie,
klingt diese wahre Notenpracht,
mit nur ein wenig Fantasie,
wie eine Wetter-Musikmacht.

In dem Orchester der Natur,
hört manch einer nur ein Rauschen,
die wahren Töne hört man nur,
bei sehr liebevollem – Lauschen.

Verlass Dein Schneckenhaus

Bunte Vögel steigen leise,
ins neue Tageslicht empor,
Sonne macht sich auf die Reise,
erwärmt schon bald ein jedes Tor.

Kannst Du es sehen, wie ich mich,
im Rausch der Gedanken biege
und kannst Du auch sehen wie ich
ganz sinnlich im Rasen liege?

Weißt Du nicht mehr, wie schön es ist,
sich in Leidenschaft zu streiten,
dort wo ein schöner Tag uns küsst,
willst Du mich dorthin begleiten?

Sitzt Du noch in Deinem Zimmer,
neben Deinen alten Sachen,
kannst Du dich noch dran erinnern,
an unser herzliches Lachen?

Deine Weitsicht ist nur erahnt,
willst Du die Wahrheit nicht erfahr´n,
vieles lief nicht so, wie geplant,
hat es das denn jemals getan?.

Es lockt Liebe, Duft und Gesang,
geh mit mir in die Welt hinaus,
der Sommer wird noch heiß und lang,
verlass endlich - Dein Schneckenhaus.

Sonniger Tag im Juli

Der Juli steht in voller Blüte,
die Felder sind grün, die Wiesen bunt
und die Sonne gibt voller Güte,
heiter strahlend ihre Schönheit kund.

Grau und schützend steht er über mir,
der kühle Schatten einer Weide,
alternd und leicht schwankend steht sie hier,
ihre Blätter glänzen wie Seide.

Meine Nase spürt den herben Duft,
und meine Haut die warme Sonne,
völlig umschlossen von frischer Luft,
strahle ich glücklich, voller Wonne.

Dem Himmel schaue ich entgegen,
warte hier auf die kühlende Nacht,
ins Bett werde ich mich erst legen,
wenn der Mond - am Horizont erwacht.

Der Mensch und sein Leben

Ein jeder Mensch folgt seinen Trieben,
und fast allem, was die Ruhe stört,
täglich beginnt er auszusieben,
weil sein Leben ihm allein gehört.

Meist irrt er ziellos durch die Jahre,
seine Zeit wird kürzer, Stück für Stück,
was dann noch bleibt, ist plötzlich nahe,
das Karma schlägt gnadenlos zurück.

Es hilft weder jammern noch klagen,
oft vertane Chancen sind dahin,
Zeit, die einfach nur totgeschlagen,
bleibt am Ende doch - die Siegerin.

Ich ruf sie mal an

Zornig ruf ich die Vergangenheit an,
um zu erfahren, wie´s passieren kann,
dass der Bus eine falsche Strecke fuhr
und ich jetzt stehe, auf wildfremder Flur.

Ein anderes Ziel hatte ich im Sinn,
drum frage ich, wie komme ich dorthin,
als unfassbare Antwort höre ich,
dafür sei man keinesfalls zuständig.

Dieser Bus fährt nur hin und nicht zurück,
so stehe es auch im Reiseticket,
Beschwerdestelle sei die Gegenwart,
für meine Notlage wisse sie Rat.

Sofort ruf ich bei der Gegenwart an,
will hör´n, wie ich zur Zukunft kommen kann,
man sagt mir: „Du bewegst dich schon in ihr,
die Zukunft lebt seit eh und je in dir,
es gibt nur einen Bus, doch Straßen viel,
lenk selbst den Bus - dann erreichst du dein Ziel.“

Die Sucht

Was er auch hört, er hört es dumpf,
die Menschen sind für ihn blöde,
sein Hirn reagiert nur noch stumpf,
was er spürt ist lasch und öde.

Sein Gedächtnis ist aufgeweicht,
der Leib ist erschlafft und müde,
oft schwebt er, fühlt sich federleicht,
sein Blickfeld ist ständig trübe.

Zur Therapie ist er bereit,
um Erlebtes zu vergessen,
doch es ist verlorene Zeit,
die Sucht hat ihn längst – zerfressen.

Wo ist sie, deine Moral

Du bist nicht mehr, die du mal warst,
nicht freundlich und nicht lebensfroh,
die nicht mit bösen Worten sparst
und mich stempelst, zum Brutalo.

Ich bin schon alt, du bist noch jung,
manch eine Krankheit quält mich sehr,
du hast noch jugendlichen Schwung,
und ich hink langsam hinterher.

Du strahltest damals Liebreiz aus,
heut zeigst du ohne Unterlass
(und das ist ein furchtbarer Graus),
nur noch enormen Menschenhass.

Ich frag mich, wer du wirklich bist,
und wo sie ist, deine Moral,
ob du mich nur an Pflichten misst,
oder ob du denkst - scheißegal.

Gnadenlose Hitze

Dicke graue Nebelschwaden,
steigen empor aus dem Waldsee,
mit kühler Nässe beladen,
ähneln sie einer Zauberfee.

Ganz allmählich wacht im Osten,
die gelb scheinende Sonne auf,
schickt von ihrem Himmelsposten,
helles Licht für den Tageslauf.

Dann lässt sich die Hitze spüren,
die gnadenlos das Land versengt,
verschlossen bleiben die Türen,
obwohl´s den Lebensraum verengt.

Am Seeufer lauern Echsen,
regungslos, doch zum Biss bereit,
Dürre nagt an den Gewächsen,
der Regen beharrt auf Auszeit.

Schon senkt sich Dunkelheit nieder,
der Tag wird zur blauschwarzen Nacht,
Mensch und Tier schließen die Lider,
nur der Mond - hält einsam die Wacht.

Die Fledermaus

Dem Tag geht die Helligkeit aus,
es nähert sich die Dunkelheit,
hungrig schwebt eine Fledermaus,
völlig geräuschlos durch die Zeit.

Ihr Schirmherr ist die schwarze Nacht,
mit ihr erreicht sie jedes Ziel,
Echoortung verleiht ihr Macht,
Opfer zu töten, wie im Spiel.

Versucht der Mensch sie zu fangen,
in ihrem kargen Höhlenhaus,
verliert er schnell sein Verlangen -
sie ist zu clever – die Fledermaus.

Wie die Zeit vergeht

Als hübscher Mann, der ich mal war,
wird mir heut klar und auch bewusst,
das zynisch mir ein graues Haar,
ein Liedchen singt von einst und Lust.

Die Mädchen standen dicht gedrängt,
schamhaft lächelnd vor meinem Haus,
ich habe mich hindurchgezwängt
und riss total verschüchtert aus.

Jetzt ist die Schüchternheit vorbei,
ich bin zu Schandtaten bereit,
doch leider flieht mit schrillen Schrei,
heute vor mir - die Weiblichkeit.

Was hält dich bei mir

Ich bin nicht jung, hab auch kein Geld,
hab keine Villa, keinen Titel,
was ist es, das dich bei mir hält,
benutzt du etwa Zaubermittel.

An Jahren bist du mir weit entfernt,
bliebst verschont von des Lebens Härte,
hast nur Gutes im Leben gelernt,
zeigst deine unverbrauchten Werte.

Man sagt, die Liebe wäre ein Buch,
mit sieben Siegeln fest verschlossen
und es stünd‘ darin ein böser Fluch,
der viele Herzen hat beschossen.

Ich wüsst‘ gerne, was dich bei mir hält,
doch besser ist´s, es nicht zu wissen,
denn du gehörst zu der jungen Welt,
die du leider bei mir – musst missen.

Im und am Tümpel

Der Tümpel ruht, die Frösche quaken,
hoch in die Luft steigt Moosgeruch,
am Himmel schweben dunkle Laken,
ein Wolkenheer kommt zu Besuch.

Der Wind scheint auch nicht mehr zu schlafen,
des Tümpels Spiegel kräuselt sich,
wirkt wie ein verwunschener Hafen,
aus dem Gemütlichkeit entwich.

Auch ein Eulenschrei durchbricht die Nacht,
zum Spott der sonstigen Stille
und ein morscher Ast, der runter kracht,
beendet diese Idylle.

Regen bringt die Frösche zum Schweigen,
der Wind wird ein starker Orkan,
Getier ist dem Nachwuchs am zeigen,
wo man sich gut - verkriechen kann.

Mann und Frau

Als Gott schuf den Mann und die Frau,
war er ganz sicher völlig blau,
er besann sich, Dank seiner Kräfte,
schuf noch Bier und Schuhgeschäfte.

Das dümmste Tier, hier auf Erden,
sollt´ für ihn der Affe werden,
aber das ging voll daneben,
es begann, der Mann zu leben.

Und deshalb bekam jede Frau,
acht Zoll über´m Nabel genau,
auch für des Mannes Gelüste,
zwei wundervoll pralle Brüste.

Gott vergab dann auch die Sprache,
doch das war ´ne heikle Sache,
wenn er sagt: „Du bist lieb und nett."
hätt´ er sie lieber gleich im Bett.

Trägt sie ein wunderschönes Kleid,
ist er für´s Kompliment bereit,
sagt er: „Das Kleid hat keinen Reiz."
schreit sie: „Zum Vorschein kommt dein Geiz!"

So geht es ständig hin und her,
ich sag hier lieber gar nichts mehr,
denn ganz egal wer wen verehrt,
einer sieht´s garantiert verkehrt.

Sicher kann´s auch der Herrgott nicht fassen,
und denkt: „Hätt´ ich mir bei Mann und Frau
damals doch nur - mehr Zeit gelassen.“

Neu herausgefunden

Neues muss der Mensch stets gestalten,
damit die Wirtschaft nicht erschlafft,
den Fortschritt darf er nicht aufhalten,
und keineswegs die Wissenschaft.

Sehr viel Lob sollte man bekunden,
Medizinern, nach langer Frist,
denn sie haben herausgefunden,
dass Faulheit eine Krankheit ist.

Faulpelze müssen sich nicht ducken,
ihr Gewissen bleibt völlig rein,
vom Arzt gibt´s ohne Wimpernzucken,
den gelben Dauerkrankenschein.

Auch ich müsst´ mehr schreiben und dichten,
doch ich bin viel zu faul dazu,
versäume lieber meine Pflichten
und hab von früh bis spät – meine Ruh.

Fortschritt ?

Ich sitze im Bus und räume,
Dinge in meine Tasche ein,
lehne mich zurück und träume,
von Kinderzeit und Ringelrein.

Ach, wo ist der Wald geblieben,
durch den als Kind ich freudig sprang,
und das kleine Bächlein drüben,
an dem die Amsel fröhlich sang?

Ich wache auf im Bus und sehe,
Firmen, Schlote, kein Grün davor,
ich denke: „He Mensch gestehe,
dein Fortschritt ist – ein Eigentor!“

Oh, “Buntland“

Kaum zu glauben, doch hier im Staat,
gibt’s ab sofort, den Aufpassrat,
der passt jetzt auf, und zwar direkt,
ob du politisch bist korrekt.

Wer´s in dieses Gremium schafft,
ist grob geseh´n, nicht fehlerhaft,
er weiß was böse ist, was schlecht,
was übel ist und ungerecht.

Er ist es, der den Daumen senkt,
wenn der Mensch auch mal selber denkt,
und macht er den Mund trotzdem auf,
endet abrupt sein Lebenslauf.

Der Aufpassrat hat die Lizenz,
durchzugreifen mit Konsequenz,
freie Meinung schickt er ins Grab. -
Oh, “Buntland“ - schaff dich ganz fix ab!

Mein Alltag

Mir geht´ s gut, wie an allen Tagen,
das will ich nebenbei mal sagen,
was ich mache ist längst Routine,
auch meine täglich frohe Miene.

Alltag ist für mich als Bejahrter,
wie ein Bühnenstück im Theater,
mal ein Drama, mal Komödie
und manchmal auch, ´ne Tragödie.

Schon jahrelang sind die Kulissen,
arg verstaubt, verblasst und verschlissen,
doch den Spielplan werd ich verwalten,
solang die Bühnenbretter halten.

Wir werden ihn behalten

Des Mannes Schlips ist ein Seidenschlauch,
den er zum Hemd trägt, mittig vorm Bauch,
erst bindet man, dann knotet man ihn,
um ihn später zusammenzuzieh´n.

Die Männer tragen ihn jedenfalls,
voller Freud und Stolz, um ihren Hals,
denn ein Schlips bezeugt Kultur und Schick
und wärmt außerdem noch das Genick.

Nebenbei gibt er dem Träger Halt
und verändert vornehm die Gestalt,
drum ist er ein wahres Unikum,
zu dem keiner sagen kann, warum.

Er ist auch, ein Penis der Kultur,
doch leider, ja leider, hängt er nur,
denn würde er nach oben stehen,
würde kein Mann mehr mit ihm gehen.

Jedoch als Hänger wirkt er schicklich,
das macht sogar die Frauen glücklich,
weshalb ihn auch so manche tragen,
über der Brust und um den Kragen.

So lässt man ihn ganz freudig hängen
und zwar in zig verschied´nen Längen,
denn so hat er einen Stellenwert,
wie einst bei edlen Rittern, das Schwert.

Man kann auch ohne Schlipse leben,
jedoch, was würde uns das geben,
wir wären als Mannsbild doch fast nackt,
wie ein krüppelhafter Männerakt.

Drum halten wir den Schlips in Ehren,
werden uns nie dagegen wehren,
schlussendlich bleibt alles beim Alten,
Schlipse werden wir – stets behalten.

Falscher Verdacht

Herr Kramer liebte Blumen sehr,
sein Garten war ein Rosenmeer,
doch eines Tages unverhofft,
fehlte vielen Rosen der Kopf.

Kramer tobte und schrie voll Zorn:
„Den Täter nehm ich mir aufs Korn!"
Sein Pudel kam daher gerannt,
Kramer schrie: „Du warst es, welch Schand!"

Fügte hinzu: „Du freche Sau",
und ging ins Haus zu seiner Frau,
doch dort entdeckte er leider,
den wahren Rosenabschneider.

Es war die Liebste, welch ein Schreck,
die zig Rosen band, als Gesteck,
Herrn Kramer tat sein Hündchen leid,
ein Stückchen Wurst hielt er bereit.

Und die Moral von der Geschicht:
Verdächtige den Falschen nicht,
urteilen kannst du dann später,
wenn fest steht – der wahre Täter.

Traurig aber wahr

Ach, was tun sich die Menschen nur an,
mit Schönheitsmacken und Schlankheitswahn,
man will jünger ausseh'n, als man ist,
normal älter werden, das ist Mist.

Es muss sein, der Mode letzter Schrei,
bis zum Schamansatz bleibt´s Bäuchlein frei,
und Kohle verdient so, wie noch nie,
allein, die Bekleidungsindustrie.

Was noch gegessen wird, ist ein Hohn,
pleite sind Bäcker und Metzger schon,
lediglich die Treibhaus - Gärtnerei'n,
streichen viel Knete, mit Rohkost ein.

Müsli und Joghurt, nur nichts vom Rost,
voll idiotisch ist solche Kost,
aber Fitnesscenter, Sonnenbank,
dazu Abführmittel und ständig krank.

Es folgt Magersucht und Bulimie,
dann Brechreiz, Durchfall und weiche Knie,
und Pillen schlucken in großer Zahl,
das macht die Gesichter dann, aschfahl.

Wer sieht das alles besonders gern,
natürlich jeder Pharmakonzern,
doch was ist oft das Ende vom Lied,
der Mensch lebt ab - doch leider verfrüht.

Im Stau

Der Tag ist schön, der Himmel blau,
ich hänge fest in einem Stau,
drei lange Stunden wart ich schon,
jetzt muss ich mal, was für ein Hohn.

Denn ich steh links auf dritter Spur
und denke mir, wie mach ich's nur,
diese großen Wassermassen,
hier nun schleunigst raus zu lassen.

Am Mittelstreifen geht es nicht,
da starrt mir jeder ins Gesicht,
pinkeln vor aller Augen – nein,
da würd´ man rufen – pfui du Schwein.

Wie ich´s auch dreh, Blamage droht,
doch es gibt Retter in der Not,
im Gepäck hab ich ´ne Vase,
für den Inhalt meiner Blase.

Seufzend halte ich das Lenkrad,
völlig erleichtert, in der Tat,
der Himmel ist nach wie vor blau
und ich steh weiterhin – im Stau.

Sei ganz lieb zu mir

„Trotz der heißen Sommertage,
Schatz, hör zu, was ich dir sage -
selbst bei dreißig Grad im Schatten,
darf die Liebe nicht ermatten“.

„Lass uns ins Gartenhäuschen gehen,
da kann´s sicher keiner sehen,
wenn du mir gibst, ganz ungeniert,
wonach mein Herz seit Tagen giert“.

„Gib mir ´nen Kuss und sei bereit,
in dieser schönen Sommerzeit,
mir hier und jetzt, das zu geben,
wo für´s sich lohnt, dieses Leben“.

„Glaub mir, ich rede keinen Stuss,
ich will ihn spür´n, diesen Genuss,
wenn mein Körper lustvoll bebt
und dann auf Wolke sieben schwebt“.

„Du weißt genau, wie ich´s gern hab,
drum zier dich nicht und komm in Trab,
sei heute mal ganz lieb zu mir
und reiche mir – ein kühles Bier“.

Ich hab Spaß am Leben

Als Mann hab ich Spaß am Leben,
will den Schatz der Schätze heben,
suche Frau mit scharfen Kanten,
wie sie einst nur Ritter kannten.

Eine, die nicht abgeschliffen
und kein bisschen abgegriffen,
die nicht buckelt, keinem dienert,
niemandem die Stiefel wienert.

Die es vorzieht, selbst zu denken,
statt sich heillos zu verrenken,
nicht verbiegt den stolzen Rücken,
Elefanten jagt statt Mücken.

Die mich stets entzückt mit Worten,
zu mir steht an allen Orten.
Ich will ´ne Frau mit Eigensinn,
weil ich selbst - auch ein Querkopf bin.

Die Liebe ist geblieben

Er ist betagt, hat graues Haar,
eine Brille ziert sein Gesicht,
seine Zähne machten sich rar,
verdoppelt hat sich sein Gewicht.

Jetzt bekommt er Hängebacken
und obendrein ´ne Faltenstirn,
außerdem noch Altersmacken,
wahrscheinlich hat er Kalk im Hirn,

Stets hat er ´ne Tabakfahne,
Wadenkrämpfe und Achselschweiß,
die Muskeln wie feste Sahne,
am Körper ist er käseweiß.

Dafür hat sie unterschrieben,
und es ein Lebtag nicht bereut,
denn die Liebe ist geblieben,
das Altern – hat sie nie gescheut.

Alles erreichen

Oft verrechnet man sich im Leben,
und lässt sich an der Nase führen,
vieles klappt, vieles geht daneben,
manches wird die Seele berühren.

Der erste Kuss ist wie ein Beben,
er zerschlägt die härtesten Schranken,
kann die Welt aus den Angeln heben,
lässt uns im Glauben niemals wanken.

Hinter solch Trugbild steht die Liebe,
die uns stets lenkt und manipuliert,
das bisschen Rest, schaffen die Triebe,
so, als wären sie börsennotiert.

Übrig bleiben vielfach nur Scherben,
dem Streben muss die Liebe weichen,
man lebt ja schließlich für die Erben,
will durch Ansporn - alles erreichen.

Ein frecher Hund

In unsrer Siedlung lebt ein Hund,
der treibt es wirklich viel zu bunt,
es kennt im Ort ihn jedermann,
weil er sich nicht benehmen kann.

Die Artgenossen bellt er aus
und macht sich einen Spaß daraus,
menschliche Po´s zu beschnüffeln,
ihn stört nicht mal, Herrchens Rüffeln.

Er beschnuppert Baum, Strauch und Stein,
denkt, sie alle samt, wären sein,
hebt auch noch frech ein Hinterbein
pinkelt drauf und schaut arglos drein.

Alles hat er stets im Visier,
dies harmlos kleine Unschuldstier,
das niemals etwas Schlechtes denkt,
für Leckerlis sich fast verrenkt.

Doch fühlt er sich missverstanden,
kann man gar nicht bei ihm landen,
er dreht sich um, ganz ignorant
und pinkelt trotzig – an die Wand.

Das Schweigen und die Sturheit

Eine schlimme Waffe heißt “Schweigen“
sie fordert die Herrschaft und zeigt Macht,
und wird schon bald dem Gegner zeigen,
wer im Nachhinein das Sagen hat.

Die Sturheit hat die stärksten Nerven,
sie verhandelt nicht, sie bleibt nur stumm,
an ihr lässt sich kein Messer schärfen,
und ein jeder Speer, wird an ihr krumm.

Es gilt, den Panzer aufzubrechen,
solange der Wind noch milde weht,
ein Krieg wird sonst das Schweigen rächen
und alles Reden - kommt dann zu spät.

Kurzes Leben

Beim Malkreidestift geht viel daneben,
mit jedem Strich verkürzt sich sein Leben,
nach ein paar Linien auf einem Blatt,
wird von seinem Kopf etwas abgeschabt
und werden Details mal kräftig markiert,
ist seine stolze Größe schon halbiert,
wird dann der allerletzte Punkt gesetzt,
ist fast sein ganzes Dasein abgewetzt,
vom kurzen Leben bleibt jedoch ein Stück,
als Kreidebild - auf dem Papier zurück.

Klar denken

Man sollte nicht einfach missachten,
was einem harmlos erscheint und klein,
es können grad´ die kleinsten Sachen,
von allergrößter Bedeutung sein.

Über Berge kann man nicht stolpern,
jedoch ganz schnell, über einen Stein,
und beginnt´s unterm Fuß zu holpern,
wird's kein Fels, sondern ein Kiesel sein.

Gegen Tiere kann man sich wehren,
indem man mit einer Waffe schießt,
das hilft jedoch nicht gegen Viren,
wenn eine Krankheit im Körper sprießt.

Drum zeige allen kleinen Dingen,
immer den gebührenden Respekt,
nur so kann - klar denken - gelingen.
Denn das Winzige - ist meist perfekt.

Ein neuer Tag

Siehst du den Nebel in der Früh,
dann scheue weder Last noch Müh,
geh hindurch mit Freud und Wonne,
dann erblickst du schnell die Sonne.

Mit Lebensfreude im Gepäck,
sind blitzschnell deine Sorgen weg,
schau nur nach vorne, nicht zurück,
vielleicht erwartet dich das Glück.

Und wenn der Tag zu Ende geht,
der Mond am dunklen Himmel steht,
dann leg ganz sorglos dich zur Ruh,
und mach zum Schlaf die Augen zu.

Mein Küchenabfluss

Mein Küchenabfluss, der ist zu,
egal, was immer ich auch tu',
alle Mühe hat keinen Zweck,
im Rohr hängt er fest, dieser Dreck.

Mit allen möglichen Dingen,
will ich diesen Dreck bezwingen,
doch der Abfluss scheint zugekorkt,
es ist ein Zustand, der mich sorgt.

Soll ich einen Klempner buchen?
Der könnt´ doch sein Glück versuchen.
Ich allein schaff es sicher nicht
und Hilfe ist nirgends in Sicht.

Selbst diese eklige Chemie,
funktioniert im Notfall nie.
Bei mir steigt so langsam der Frust
es sinkt, meine Reinigungslust.

Doch eins merke ich allmählich,
Dreck und ich, wir sind uns ähnlich,
ich kann meist auch nicht, wenn ich muss -
doch dann, ganz plötzlich - kommt der Fluss.

Der Astronaut

Zehn Jahre Arbeit war genug,
heut Abend ist der Jungfernflug,
es wird ´ne ziemlich lange Tour,
im Raumtransporter zum Merkur.

Ein Könner ist der Steuermann,
lenkt zügig in die Umlaufbahn,
doch Weltraumnebel stört die Sicht,
man sieht die Hand vor Augen nicht.

Und weit draußen, dort im Orbit,
rammt das Schiff ´nen Meteorit,
ein lauter Knall, ein arger Schreck,
die Außenhülle hat ein Leck.

„Schluss aus“, denk ich, es ist vorbei
und schick zur Erd´ ´nen Hilfeschrei,
man antwortet natürlich prompt
und sichert zu, dass Hilfe kommt.

Die Rettungskapsel, welch ein Glück,
bringt uns zur Erde rasch zurück,
„Hier bleib ich jetzt“, schrei ich ganz laut,
„nie wieder werd´ ich - Astronaut !“

Im Sommer kühl duschen

Im Sommer geh' ich gerne duschen,
freu mich auf Erfrischung und Kühle,
wenn auf der Haut die Tropfen huschen,
endet schnell, die drückende Schwüle.

Duschgel nehme ich ganz sicher nicht,
die normale Seife tut es auch,
super frisch erstrahlt dann mein Gesicht
und auch, mein erschlaffter Waschbrettbauch.

Solch Körperpflege hebt meinen Geist,
verschönt mich von außen und innen,
meine Fantasie, die dann verreist,
führt mich zu Partys mit Fürstinnen.

Es fliegt hin und her

Es springt ein Echo schon jahrelang,
in einer Felsschlucht im Zickzacksprung,
von Wand zu Wand und bleibt Gott sei Dank,
durch dieses sportliche Treiben jung.

Wer auch immer es hier ausgesetzt,
ist schon lange fort und sicher alt,
wer weiß, ob er ahnt, dass hier und jetzt,
dieser Ton von ihm noch immer schallt.

So ungefähr fliegt auch manches Wort,
durch das Reich der Menschheit hin und her,
doch wer es wann und an welchem Ort -
ausrief - das weiß heute niemand mehr.

Lieber Hersteller

Lieber Hersteller ich wünsche mir,
dringend liniertes Klopapier,
würde mir so die Zeit vertreiben,
könnte beim Klogang Briefe schreiben.

Mach es auch bitte flauschig und zart,
denn du weißt ja, Stuhlgang ist oft hart
und gib ihm den Namen Ramona,
das erinnert mich dann an Oma.

Ich hätt´s auch gerne in fünf Lagen,
ach ja, ich wag es kaum zu sagen,
ich brauch beidseitige Verwendung,
denn alles andre - wär Verschwendung.

Ohne Brille

Es war heut früh, so gegen Acht,
ich bin verwirrt, hab ich gedacht,
wollte nur mal ganz kurz auf´s Klo,
hob den Deckel hoch, staunte: „Oh“,
fast versteinert hat mich der Schreck,
meine Klobrille, sie war weg.

Den Deckel hoch, wieder runter,
nochmals hoch, sie war nicht drunter,
welcher Spitzbub hat sich getraut,
und meine Klobrille geklaut,
sie war wie neu, nicht zerschunden,
jetzt ist sie plötzlich verschwunden,

Nochmals Deckel auf, wieder zu,
Brille ist weg, auch meine Ruh,
wo kann sie nur geblieben sein,
keiner kommt hier ins Haus hinein,
so langsam, nach einiger Zeit,
packte mich, Fassungslosigkeit.

Dann gingen mir die Augen auf,
laut lachend kam ich wieder drauf,
gestern in den Abendstunden,
hab ich ´nen Bezug drauf gebunden,
und irgendwie, völlig verrückt,
hab ich die Brille wohl – mit rein gedrückt.

Fromme Brüder

Mönche sind im Kloster am beten,
da wird ihr Raum plötzlich betreten,
von einem Mädchen aus dem Orte,
die leis stammelt, folgende Worte:

„Ganz sicher will ich euch nicht stören,
doch was gestern war, müsst ihr hören,
ich kam um Bücher abzustauben,
was dann geschah, ist kaum zu glauben.

Ich war die Leiter hoch geklommen,
da ist ein Mönch herein gekommen,
nur die Tonsur sah ich von oben,
dann hat er meinen Rock gehoben.

Er rief: „Komm, die Liebe soll leben“,
dann hat er´s mir kräftig gegeben,
ich lag ganz still vor meiner Leiter,
doch kurz darauf wurde ich heiter.

Zum Schluss war ich völlig benommen,
denn was er tat, war mir willkommen,
es war gut, es ihm zu erlauben,
Brüder, gibt's hier noch mehr, abzustauben?“

Eine Bitte per E-Mail

Heinz schrieb folgende E-Mail neulich,
an seinen Apotheker Träulich:
„Meine Frau litt an Stimmbandstechen
und starken Halsschmerzen beim Sprechen,
ihre Pillen, lieber Herr Träulich,
wirkten sehr schnell, es war erfreulich,
denn jetzt ist es, nach dieser Arznei,
mit dem Sprechen ganz und gar vorbei,
schicken Sie mir nochmals zwanzig Stück,
dieser Halspillen der Firma Zwick,
ich bitte sie wirklich von Herzen,
es ist auch keineswegs zum Scherzen,
ich servier sie mit Tuttifrutti,
am Sonntag - meiner Schwiegermutti.“

Schlimme Erfahrung

Ein Mann vom Land kam in die Stadt,
die angeblich viel Neues hat,
er durchstreifte Einkaufsmeilen,
hatte Zeit, musste nicht eilen.

Doch plötzlich drückte ihn der Darm,
es wurde ihm auch seltsam warm,
er suchte nach einem WC,
denn auch der Bauch tat ihm schon weh.

Im Parkhaus fand er dann ein Klo,
es rebellierte schon sein Po,
er rannte los, wie jeder rennt,
doch es fehlten ihm, fünfzig Cent.

Er bat Leut´ im nahen Umfeld,
für seine Notdurft um Kleingeld,
doch keiner rückte Münzen raus,
das Parkhaus schien ein Armenhaus.

Schweißnass überkam ihn die Wut,
bettelnd schwenkte er seinen Hut
und wirklich kamen Münzen rein,
auch fünfzig Cent waren bald sein.

Er flitzte zur Toilette
und empfand an dieser Stätte,
Erleichterung aus seiner Not,
doch nur, weil Großmut Hilfe bot.

Seit dieser schlimmen Erfahrung,
gibt er Bettlern Geld und Nahrung,
denn die sind ständig in Nöten,
brauchen dringend – ein paar Kröten.

Auto-genes Training

Früh am Morgen fängt es an,
mein autogenes Training,
ich beginne ganz spontan,
mit einem leichten Stretching.

Erst öffne ich vier Türen,
und danach den Kofferraum,
um mittels Gummischnüren,
Lunchpakete zu verstau'n.

Dann schließ ich meine Augen,
mache sie gleich wieder auf,
ganz tief die Luft einsaugen,
diesen Stress nehm ich in Kauf.

Dazu die Haut hochrunzeln,
nur für meine Denkerstirn,
und kräftig dabei schmunzeln,
das ist Jogging für mein Hirn.

Ab ins Auto, Schulterblick,
das entspannt und ist genial,
vorbeugen und dann zurück,
alles gänzlich ohne Qual.

Das lockert auch die Hüften,
den Rücken sowie den Bauch,
ganz kurz den Po noch lüften,
das entspannt und gut tut´s auch.

Ich fahre Automatik,
brauche dafür nur ein Bein,
doch mittels Akrobatik,
schläft das Andre auch nicht ein.

Blauer Planet

Weit draußen, am Rande der Milchstraße,
schwebt ein wunderschöner blauer Planet,
fliegt ständig seine gleiche Trasse,
hat ein System vervollkommnet.

Ein System von höchster Präzision,
mit allen Feinheiten und Facetten ,
vereint in einer Koalition,
trotzdem frei und nicht an Ketten.

Um sich selbst dreht er sich einmal täglich,
und jährlich kreist er um die Sonne,
Wasser und Bewuchs macht Leben möglich,
dieser Planet ist eine Wonne.

Ein blühend Paradies mit Namen Erde,
das allerfeinste Pflege stets verdient,
und nicht eine einzige Beschwerde,
die in diesem Garten sich geziemt.

Wer diesen Globus sein Zuhause nennt,
dem sollt´ es niemals widerstreben,
wenn er auch Geheimnisse nicht kennt,
zu sagen: „Ich bin stolz auf IHM zu leben."

Freudetrunken

Von Mast zu Mast, durchs ganze Land,
sind die Stromdrähte ausgespannt,
doch die Tropfen, die dran hängen,
rauschen stets mit Brummgesängen.

Jeder der kleinen Tropfen singt,
weil er zur Wechselspannung schwingt,
und unter wässrigen Geschwistern,
gibt es auch Funken und knistern.

So wird den Drähten durch Gesang,
auch Dauerspannung nicht zu lang,
doch wenn sie fliegen, die Funken,
sind die Drähte – freudetrunken.

Mein Daunenbett

Wenn morgens früh der Wecker schellt,
dass sich mein Haarschopf aufwärts stellt,
vergrab ich mich, schnell, ganz adrett,
noch einmal, in mein Daunenbett.

Doch hilft es nichts, ich muss hinaus,
ins ständig wache Weltenhaus,
ein paar Minuten, weil´s so nett,
gönn ich mir noch im Daunenbett.

Dann geht's los, mit argem Gejaul,
ich schufte wie ein Ackergaul.
Dienstschluss, ich werd zum Düsenjet,
denk nur noch an mein Daunenbett.

Restlos gerädert, schlaff und müd,
die Energie völlig versprüht,
steh ich da, wie ein morsches Brett,
sehne mich, nach mein Daunenbett.

Laut gähnend, ausgelaugt, fast tot,
fall ich in allergrößter Not,
hinein, ausgezogen, komplett,
in mein geliebtes - Daunenbett.

Vier Kerzen im Advent

Die erste Kerze brennt für Stille,
für Ruhe und Gemütlichkeit,
für Herzlichkeit und für den Wille,
zu leben in Behaglichkeit.

Die zweite Kerze brennt für Hoffnung,
für die Kraft und für den Glauben,
für Vernunft und für die Achtung,
und für die weißen Friedenstauben.

Die dritte Kerze brennt für Anstand,
für Respekt und auch für Güte,
für Gerechtigkeit und für Verstand,
und für´s eigene Gemüte.

Die vierte Kerze brennt für Liebe,
für das Wichtigste auf dieser Welt,
es gäbe nichts das uns noch bliebe,
wär nicht sie, an Nummer Eins gestellt.

Dritter Advent

Dritter Advent auf dem Rathausplatz,
welch eine Blumen und Tannenpracht,
durch solch natürlichen Lebensschatz,
bin ich fast um den Verstand gebracht.

Erst der Duft von bratenden Würsten,
bringt mich wieder ins Leben zurück,
es sind Genüsse, die mich dürsten,
nichts entgeht meinem lüsternen Blick.

Etwas abseits im Vegan-Lokal,
wollen Engel die Gänse retten,
und Menschen drängeln in großer Zahl,
um Käufe in Kartons zu betten.

Die Menschenmassen schieben weiter,
immer schlimmer wird das Gedränge,
jedoch vorm Rathaus wird es heiter,
dort fliegen Bonbons in die Menge.

Hernach folgt besinnliche Stille,
mit der die Weihnachtserwartung steigt,
manch Christ geht zum Raum der Idylle,
wo er sich vor der Krippe verneigt.

Auch ich kann fühlen und Empfinden,
denke freudig an den Jahresrest,
lasse die Alltagssorgen schwinden,
um zu genießen – das Weihnachtsfest.

Einstellungsgespräch

Ein Chef befragt einen jungen Mann,
was er seiner Firma bieten kann,
ob er denn klug sei und flexibel
und hoffentlich nicht sehr sensibel.

Nachdem der Mann die Fragen bejaht,
wünscht der Chef ihm einen guten Start
und meint, da wär noch ´ne Kleinigkeit,
zum Ausruhen, reiche nicht die Zeit.

Familie könne er sich schenken,
an Kinder sei gar nicht zu denken,
seine Freundin müsse schnellstens weg,
mit einem saftigen Abschiedsscheck.

Es sei auch ein unbedingtes Muss,
bereit zu stehen, Gewehr bei Fuß,
sein Leben in den Dienst zu stellen,
für Zahlen vor den Kommastellen.

Doch der junge Mann entgegnet mild:
„Vor mir schwebt ein ganz anderes Bild,
kein Geldschein lässt mein Herz so flimmern,
wie meiner Braut ihr Augenschimmern,
ihre Angel war schlecht ausgelegt -
ich weiß selbst, worum's im Leben geht."

Der Heuchler

Der, der gern in einem Ghetto lebt,
umringt von Stacheldraht und Mauern,
der auch nie nach Recht und Freiheit strebt,
dem Willkür niemals lässt erschauern,
der genießt gewiss, Vorteil und Macht,
keinem Nächsten gilt sein Bedauern,
er hat viel zu tun, bei Tag und Nacht,
ihn zu bespitzeln, zu belauern.
Doch wehe, wenn die Mauern brechen,
dann zahlt der Heuchler seine Zechen.

Im Schatten einer Weide

Der Frühling steht nun voll in Blüte,
die Wiesen sind grün, die Felder bunt,
Sonnenschein wärmt in voller Güte
gibt strahlend hell seine Schönheit kund.

Stolz, beschützend liegt er über mir,
der kühle Schatten einer Weide,
verbogen und schwankend steht sie hier,
ihre Blätter sind weich wie Seide.

Meine Nase spürt den herben Duft,
und meine Haut die warme Sonne,
eng umschlungen von der lauen Luft,
erscheint mein Schätzchen, voller Wonne.

Ruhig, ohne uns zu bewegen,
warten wir gemeinsam auf die Nacht,
erst dann werde ich ihn ablegen,
diesen Traum - der mich hier her gebracht.

Misslungenes Frühstück

Die Bratpfanne wartet auf das Ei,
ich schlag es an ihrem Rand entzwei,
das Eigelb bleibt nicht als Kuppel steh´n,
so wollt´ ich mein Spiegelei nicht seh´n.

Das knackige Brötchen teile ich,
doch das Ergebnis ist fürchterlich,
die untere Hälfte ist fast leer,
in der Oberen, da klumpt es sehr.

Viel zu frisch, würden viele meinen,
ich würd´ die Qualität verneinen
und deshalb muss der Honig eben,
sich anpassen, an´s Hügelleben.

Der Kaffee schmeckt wie dritter Aufguss
und landet deshalb gleich im Abfluss,
mein Können war nicht so wie´s Wollen,
ich hätt´ - auswärts frühstücken sollen.

Mein Mixgerät

Mein Mixgerät steht auf dem Tisch,
weil ich heut völlig ratlos bin,
es mixt meine Worte ganz frisch,
gibt ihnen einen neuen Sinn.

Neuer Sinn regt meinen Verstand,
zu vielen neuen Sätzen an,
er setzt ein Fenster in die Wand,
aus dem ich wieder lächeln kann.

Der neue Sinn macht jedes Wort,
das ich im Nu in ihm entdeckt,
noch einmal jung am gleichen Ort,
weil darin die Verheißung steckt.

Mein Mixgerät, es macht mich frei,
denn es zerstäubt die alte Norm
und schafft, der Zufall hilft dabei,
den Reiz - zu einer neuen Form.

Zauberwelt Musik

Auf der Welt versteht man die Sprache,
die ganz ohne Paragrafen lebt,
die Menschen beschwingt ohne Rache,
wenn der erste Klang im Raume steht.

Je mehr man die Dummheiten begreift,
die allerorts im Dasein pflügen,
desto tiefer geht Musik, die reift,
weil ihre Töne niemals lügen.

Musik bleibt edel und unsterblich,
erklingt dort, wo nichts singt und nichts lacht,
denn die Menschlichkeit wird erst erblich,
wo durch Musik die Freiheit erwacht.

Musik ist und bleibt die Zauberwelt,
die Seele, Herz und Ohr begleitet,
zu der man sich sehr gerne gesellt,
wenn die Melodiemacht sie leitet.

Vogelgesang

Die Vögel sangen nie so laut,
wie jetzt im Fränkischen Gebiet,
weil Stadt und Land sehr dicht bebaut,
es Zug und Autolärm viel gibt.

Ein Hahn muss mehr Stimme geben,
damit ein Hennchen ihn erhört,
sich über den Lärm erheben,
der seine Liebeslieder stört.

Doch Vögel sind schon ziemlich smart,
sie lernen schnell den Ton der Welt,
und sichern den Erhalt der Art,
weil stets das Überleben zählt.

Es schellt, ich renn zum Telefon,
wer ruft um sechs Uhr früh schon an,
ich höre nur den Freipiepton,
am andern End, ist niemand dran.

Ich knall das Ding auf die Station,
schaue zum Fenster raus, bin baff,
ne´ Amsel singt meinen Klingelton,
ich glaub jetzt fast - mich laust der Aff.

Spargelzeit

Endlich ist es wieder so weit,
ab jetzt beginnt die Spargelzeit,
geboten wird auf großem Schild,
heut frisch gestochen, zart und mild.

Die Lust des Spargelessers frönt,
auch wenn er über Kosten stöhnt,
er schält die Stäbe, kocht und isst,
selbst wenn ein Stänglein holzig ist.

Der Opa kaut mit letztem Zahn,
sogar den Spargel-Faserkram,
ist er dann satt, man glaubt es kaum,
schwärmt er lauthals: „Das war der Traum“!

Oma Janssen

Ein noch junger Dieb hat überlegt,
dass er nur auf Nummer sicher geht,
wenn er bestiehlt die alten Leute,
denn da gibt's immer leichte Beute.

Jedoch irrt sich hier der Bösewicht,
denn er kennt die Oma Janssen nicht,
nachdem er ihre Tasche geschnappt,
hat sie ihn brutal beim Schopf gepackt.

Das wird kein Spaß mit Oma Janssen,
sie lässt die Krücken auf ihm tanzen,
verpasst ihm damit ohne Schonung,
die tatenwürdige Belohnung.

Lauthals keift sie dann: „Du Haderlump,
ich prügle dir deinen Körper bunt,
du wirst die Finger nie mehr heben,
um nach des Rentners Geld zu streben!“

Der noch junge Dieb ist stark blessiert,
vom Stehlen ist er restlos kuriert,
jetzt zollt er, wie man´s ihm einst gesteckt,
den alten Menschen - vollen Respekt.

Wieder zu viel ...

Wieder zu viel Kippen geraucht,
Lunge und auch Kreislauf versaut,
Schwur vergessen - nie wieder, nie.
Verflucht - die Tabakindustrie.

Wieder zu tief ins Glas geguckt,
haltlos die Prozente geschluckt,
schon wieder mal sternhagelvoll.
Zur Hölle mit – dem Alkohol.

Wieder fettes Zeug gegessen,
gierig, total überfressen,
den Magen geschont, keine Spur.
Verderbnis - der Fast-Food-Kultur.

Wieder lang vorm PC gehockt,
pausenlos blöden Mist geglotzt.
Verflucht, was den Geist vernichtet,
wehr dich - indem du selbst dichtest.

Namenssuche

Dem jungen Vater rütteln Qualen,
denn fürs neugebor´ne Töchterlein,
sucht er verzweifelt einen Namen,
der sehr edel sein soll und auch fein.

Bei seiner Frau ist er am Flennen,
sagt: „Ich habe lange nachgedacht,
lass uns das Kind “Saskia“ nennen,
der Name ist schön und elegant.“

Er fragt im Büro die Kollegen,
wobei er die Tasche kurz durchkramt:
„Wollt ihr die süße Saskia sehen,
ich hab' euch ein Foto mitgebracht.“

Sie staunen alle bei der Frage
und erwidern wie aus einem Mund:
„Was ist denn das bloß für ein Name,
besitzt ihr jetzt - einen Schlittenhund?“

Herrchen und Hund

Meist falsch ist es auf dieser Welt,
so zwischen Herr und Hund bestellt,
denn selbst ein heftiger Konflikt,
macht den Hund, keineswegs verrückt.

Der Hund hält´s nicht für angebracht,
daß man sogleich sich Luft verschafft,
sondern, daß er die Schnauze hält,
während sein Herrchen lauthals bellt.

Der muss bloß noch beißen lernen,
Briefboten vom Hof entfernen
und wissen, wie ein Hund gepflegt,
an jedem Baum - das Beinchen hebt.

Frühlingsglanz

Vögel putzen ihr Gefieder,
sie bauen sorgfältig ihr Nest,
in den Gärten blüht schon Flieder,
ein lauer Wind weht aus Südwest.

Aus der Erde treibt der Spargel,
der Himmel zeigt sein schönstes Blau,
Winterkleidung hängt am Nagel,
Füchse verlassen ihren Bau.

Die Knospen sprießen prall und bunt,
nichts ist mehr so, wie's gestern war,
Falter tanzen im Wiesengrund,
die Frühlingszeit ist wunderbar.

Lebenslust durchströmt die Venen,
lässt so manches Glück entstehen,
tupft sie ab, die Nachtfrosttränen,
um den Frühlingsglanz zu sehen.

Im Innersten

Hab mal in mich hinein gesehen,
um endlich einmal zu verstehen,
was ich denn im Innersten wohl sei,
doch da war nur - Philosophenbrei.

Dieser ließ mich wissenslos zurück,
deshalb suchte ich im Kopf mein Glück,
auch der ließ mich letztendlich im Stich,
mit den Worten: „Was kümmert´s denn mich.“

Dann habe ich’s mit dem Herz versucht,
es fand mich mit Liebe gut betucht,
bei mir leuchtete sofort ein Licht
und mir war klar - mehr brauche ich nicht.

Meine Aprilstimmung

Meine Stimmung, die spiegelt er wider,
mal hin, mal her, mal auf, mal nieder,
ich schau hinaus in meinen Garten,
auf das Schauspiel muss ich warten.

Aprilhimmel wechselt sein Gewand,
er ist der Herrscher im Wolkenland,
sein grauer Schal auf hellblauem Hemd,
auch die schwarze Hose wirkt arg fremd.

Die Marke Wind trägt er als Parfüm,
damit werden Wolken ungestüm,
ein wenig Hagel fliegt durch die Luft,
gleich darauf folgt ein Gewitterduft.

Dann zeigt der Himmel Sonnenstrahlen,
die Wärme in die Wolken malen,
sofort sieht man die Blumen lachen,
die´s nach Unwetter stets so machen.

April ist ein verrückter Monat,
der keine grade Linie hat,
er spiegelt meine Stimmung wider,
mal hin, mal her, mal auf, mal nieder.

Frühlingswetter

Der Himmel kann sich nicht entscheiden,
welche Farben ihn heute kleiden,
da blinzeln Streifen in weiß und blau,
durch ein breites Tuch in Schiefergrau,
das, wie gerollt von einem Ballen,
kilometerweit, sich läßt fallen
und dort, wo die Sonne dazu lacht,
glüht ein schmaler Saum, in goldner Pracht.

Vielleicht wird's ein Unwetter geben,
der Himmel wird sicher was weben,
im Frühling bei so viel Farbauswahl,
denkt er: „Wer die Wahl hat, hat die Qual"!

Urlaub - Tapetenwechsel

Malermeister sind wir auf dieser Welt,
Tapetenwechsel ist das Zauberwort,
jede Reise bildet, verbraucht viel Geld,
enorm beschwerlich ist schon der Transport.

Stets mit dem Trend zu geh´n, ist gar nicht leicht,
Bildung soll schließlich nicht nur Selbstzweck sein,
weil´s Geld nicht für die Malediven reicht,
genießen wir heimischen Sonnenschein.

Urlaub heißt auch "kleine Flucht vom Leben",
wir fliehen oder finden uns darin,
wer fliehen will, tritt auch häufig daneben,
nur wer sich selbst sucht, findet ein -"ich bin."

Die Zeit läuft

Die Zeit zieht unsren Gürtel enger,
wieviel Rest gibt uns noch die Uhr,
keine Stunde wird jemals länger,
die Zeiger bleiben grundsätzlich stur.

Trotz allem ist Bilanz zu ziehen,
selbst wenn´s so manchem nicht gefällt,
das Leben ist nur ausgeliehen,
auch für den, der es für ewig hält.

Wie gut, dass wir das End nicht wissen,
das von fremden Mächten längst gesetzt,
wir ruhen sanft auf weichen Kissen,
im Kopf den Satz: „Wann kommt das Zuletzt.“

Probleme

Wenn “jemand“ keine Probleme hat,
bastelt er sie, Marke - hausgemacht
und bindet seine Sündenböcke,
an vorab zugespitzte Pflöcke.

Dann schlägt er die Trommel wild und laut,
weil er auf des Menschen Dummheit baut,
jenen dussligen Hammelherden,
die es in Massen gibt auf Erden.

Er setzt die Horde auf seine Spur,
daß sie arglos folgen seiner Tour,
die Welt zu retten vor Problemen,
die er einst formte, zu Extremen.

Auch wenn die Sündigen gesteinigt,
ist längst noch nicht alles bereinigt,
ein neues Problem wird ausgeschwitzt,
Pflöcke dafür - sind schon angespitzt.

Schau mal hin

Schau mal hin, wie er zieht und pafft,
einen Stängel nach dem Andern,
die Finger sind schon braun vom Saft,
weil sie zum Glimmstängel wandern.

Fast kein Raucher kennt Disziplin,
er lebt heut, denkt nicht an Morgen,
gibt sich seinen Genüssen hin,
hat keine Gesundheitssorgen.

Mir egal, es geht mich nichts an,
ich gönn mir lieber ein Gläschen,
erst mal einen Cognac und dann,
halt ich mir Rotwein vors Näschen.

Das tut meiner Gesundheit gut,
weil ich Ärzten Glauben schenke,
drum runter mit der roten Flut,
bei der ich - nichts Böses denke.

Siedlungsschreck

Heut hab ich sie wieder getroffen,
schon früh um Sechs war sie besoffen,
legt sich mit mir an und auch mit Klaus,
der wohnt nebenan im Nachbarhaus.

Dies alte Weibstück ist ein Übel,
Gift und Galle speit sie aus Kübel,
ist für die Kinder ein Siedlungsschreck,
veranstaltet ständig nur Heckmeck.

Früher, zu damaligen Zeiten,
zählte sie noch zu den Gescheiten,
sie war sehr hübsch und hatte Verstand,
was sie harmonisch mit uns verband.

Seitdem ist viel Wasser geflossen,
heut schimpft sie nur noch unverdrossen,
woran von uns aber niemand stirbt,
die versoff´ne Hex jedoch – verdirbt.

Bestell dein Feld

Solange dir ein heftiger Wind,
am Kopf rüttelt und sagt – sei nicht blind,
wenn er Wahrheit um deine Stirn weht,
ist es für Besinnung nicht zu spät.

Hüte dein Hirn vor Lügengestank,
vor falschem Zeugnis und Zaubertrank,
atme die Frische der Unschuld ein,
dann wirst du mit dir im Reinen sein.

Mahnende Strömung bringt weisen Rat,
greife den Beutel und streue die Saat,
den Stürmen zum Trotz, bestell dein Feld,
dann bist du zuhaus - in deiner Welt.

Segel richtig setzen

Wer die großen Weltmeere liebt,
und sich in ihre Macht begibt,
Segel setzt zu fernen Ländern,
muss den Kurs zuweilen ändern.

Denn es wäre sicher nicht klug,
vielleicht am Ende Selbstbetrug,
Sturm und Seegang stur zu trotzen,
um mit Mut und Stolz zu protzen.

Nur Umsicht führt ein gutes Schiff,
ruhig und zielsicher durch´s Riff,
hat keine Plag mit Umwegen,
kann heil - im Hafen anlegen.

Einst kam eine Katze

Es war vor einigen Jahren,
da kam eine Katze zu mir,
mit völlig zerzausten Haaren,
spazierte sie vor meiner Tür.

Ich brachte ihr ein paar Häppchen,
sie maunzte und fraß zögerlich,
schnell füllte ich ein Blechnäpfchen,
danach wurde sie zutraulich.

Jetzt hat sie hier ihren Hafen,
ist kerngesund und wohlgenährt,
auf meinem Sessel zu schlafen,
wurde zu ihrem Steckenpferd.

Will ich kurz ins Tageblatt sehen,
schnurrt sie und passt ganz genau auf,
ruckzuck ist es dann geschehen,
und sie sitzt mit dem Hintern drauf.

Dann flitzt sie zu ihren Freunden,
es sind inzwischen achtzehn Stück,
keine muss heute mehr streunen,
sie fanden hier im Haus ihr Glück.

Wir alle sind zwischenzeitlich,
ein Team mit Freude und Qualen,
die Katzen sind ständig hungrig,
und ich darf - das Futter zahlen.

Abend am Meer

Wellen in der Abendstille,
sanftes Rauschen am Meeresstrand,
leichter Wind streift die Idylle,
der aus weiter Ferne gesandt.

Zig Meeresschnecken betupfen,
überall den nassweichen Sand,
gespült von Ebben und Fluten,
aus düsteren Tiefen an Land.

Die Sonne verkürzt die Strahlen
und rüstet den Himmel zur Nacht,
hüllt ihn in herrliche Farben,
in ein prachtvolles Schlafgewand.

Ein Tuch von gelb-rosa Seide,
verschwimmend zu Burgunderrot,
bis hin zum purpurnen Kleide,
dann sinkt die Sonne wie ein Boot.

Langsam verfärbt sich das Wasser,
von tiefdunklem Grün in Schwarzblau,
gekrönt mit perlenden Blasen,
tanzt der weiß aufspritzende Schaum.

Dieses Farbenspiel erfahren,
entlockt Ehrfurcht und Dankbarkeit,
kein Künstler kann es so malen,
wie´s die Natur - uns täglich zeigt.

Farbauswahl

Heut mag der Himmel nicht entscheiden,
in welche Farbe sich zu kleiden,
gut wäre gestreift, schön weiß und blau,
daneben ein Tuch in schiefergrau,
das, wie gerollt von einem Ballen,
in zarte Stufen sich lässt fallen,
wenn dazu auch noch die Sonne lacht,
strahlt jeder Saum in goldener Pracht.

Vielleicht wird's auch Gewitter geben,
so launisch ist der Himmel eben,
zur Sommerzeit bei der Farbauswahl,
hat er stets die Wahl – sowie die Qual.

Unwetter naht

Ein Tiefdruck streift hier durch das Land,
ganz langsam wird es trüb und grau,
nur fern im Osten, ganz am Rand,
ist der Himmel noch strahlend blau.

Hastig wachsen Wolkentürme,
bleiben recht majestätisch steh´n,
in ihnen bilden sich Stürme,
die als Unwetter niedergeh´n.

Dann soll man sich in Acht nehmen,
denken an die Kraft der Natur,
die stark ist und nicht zu zähmen,
sondern vorwärts stürmt – wild und stur.

Gewohnheitstier

Gewohnheiten sind wie Bazillen,
denn haben sie einmal zugepackt,
gibt es dagegen keine Pillen,
sie haben eine zu starker Macht.

Am meisten stört an dieser Sache,
dass es viel zu viele davon gibt,
und das trotz allerschlimmster Rache,
letztendlich der Mensch sich nicht mehr liebt.

Hat man sich trotzdem überwunden
und sagt laut dem Laster: „Weg mit Dir“!
Hat prompt ein Neues sich gefunden,
denn der Mensch - bleibt ein Gewohnheitstier.

Dummköpfe

Wenn mich so Mancher nicht versteht,
muss ich´s wohl leider ertragen,
wie's vielen beim Versuch ergeht,
Dummköpfen etwas zu sagen.

Dämlich kichern sie vor sich hin,
spotten und lästern macht sie groß,
doch letztlich stellen sie darin,
ihre eigene Dummheit bloß.

Die Medien versorgen sie,
mit den billigsten Parolen,
die sie dann, blöde wie kein Vieh,
stets unkritisch wiederholen.

Ein Dummkopf wäre nicht so arg,
wenn er ständig alleine wär',
doch leider macht ihn stolz und stark,
das äußerst dumme Menschenheer.

Die große Masse ruiniert,
tagtäglich unser schönes Land
und eine Mehrheit triumphiert,
pervers - über deren Verstand.

Auf dem Jahrmarkt

Der Jahrmarkt bringt uns Heidenspaß,
und Lebensfreude ohne Maß,
in Geister und in Achterbahn,
nur Angstgeschrei und Tempowahn.

Hoch hinaus geht's per Riesenrad,
welch Hochgefühl an Freiheitsgrad,
dann fliegen wir noch superschnell,
mit einem Kettenkarussell.

Wir schaukeln Schiffchen in die Luft,
rempeln in Skootern, dass es pufft,
und hauen mit enormer Macht,
den Lukas, dass es mächtig kracht.

Im wirren Spiegelkabinett,
da finden wir es gar nicht nett,
wir sind recht dürr im Augenblick,
im nächsten Spiegel tonnendick.

Wir seh´n dort sehr verschroben aus,
es ist ein Horror, ist ein Graus,
drum trinken wir ein Bier im Zelt,
geh 'n dann zur schwersten Frau der Welt.

Bei einem Leierkastensound,
fahren wir froh und gut gelaunt,
rein unermüdlich, mal um mal,
mit der Almbahn durch Berg und Tal.

Zuckerwatte, Waffeln, Softeis,
gebrannte Mandeln dampfend heiß,
das ist zwar alles nicht gesund,
macht nur das Bäuchlein kugelrund.

Es beginnt der Tag zu dunkeln,
man sieht bereits Sterne funkeln,
uns geht das Geld auch langsam aus,
tief beeindruckt - geh ‘n wir nach Haus.

Frühlingssonne

Mir ist komisch, ich weiß nicht wie,
es gibt keinen Grund zu weinen,
drum nenn ich´s mal Melancholie,
bin wohl nicht mit mir im Reinen.

Mir ist nicht Hüh, mir ist nicht Hott,
ich frag mich, woran mag´s liegen,
dass ich versink im Wintertrott
und kann die Kurve nicht kriegen.

Mir ist, halt stopp, nun ist's genug,
das ist doch, weiß Gott, die Höhe,
es grenzt beinah an Selbstbetrug,
wenn ich aus dem Fenster sehe.

Mir ist, oh nein, ich jammre nicht,
mein Herz ist so voller Wonne,
denn draußen lacht das Angesicht,
der bildschönen - Frühlingssonne.

Die Kraft des Frühlings

Wenn die Krokusse aus der Erde brechen,
mit Farbe betupfen die Rasenflächen,
dann ist der harte Winter endlich gebannt
und der Frühling hält Einzug ins weite Land.

Die Natur erwacht mit ganz enormer Kraft,
in Stämme und Zweige schießt der frische Saft,
pralle Knospen erwarten schon ihr Bersten,
um in Blütenpracht zu wärmen die Herzen.

Die Tage werden nun allmählich länger,
so manch ein Vogel wird zum Dauersänger,
die Sonne entfacht stündlich stärkere Glut
und Spatzen sitzen auf ihrer frischen Brut.

Dem Menschen durchfließt ein wildes Lebensglück,
die Hormone spielen seit Wochen verrückt,
mit Liebesverlangen, ohne Erbarmen,
würd´ jeder gern – die ganze Welt umarmen.

Spielende Kinder

Wenn ich auf Wege und Straßen,
spielende Kinder lachen seh,
wie sie miteinander spaßen,
dann tut mein Alter mir oft weh.

Ohne Ärger, ohne Sorgen,
toben sie auf vielen Plätzen,
kümmern sich nicht um ein “Morgen“,
wissen nur das “Jetzt“ zu schätzen.

Ach wäre ich noch einmal Kind
und frei von Zukunftsgedanken,
fliegen würde ich mit dem Wind,
und auf Meereswogen schwanken.

Doch ich zügle die Fantasie,
und finde schnell Ernüchterung,
denn keiner beherrscht die Magie,
die verwandelt – das Alt in Jung.

Niemals wie die Eltern leben

Der Tag war lang, die Arbeit schwer,
der Mensch freut sich auf´s traute Heim,
am Abend ist sein Akku leer,
die Beine sind so schwer wie Stein.

Er macht sich auf dem Sofa lang,
schaut bis spät nachts in die Glotze,
früh morgens fühlt er sich dann krank,
der Tag beginnt schon mit Gemotze.

Die Fliege stört ihn an der Wand,
der Kaffee ist zu stark und heiß,
die Zunge hat er sich verbrannt,
sein Kopf wird rot, dann wieder weiß.

Zur Arbeit rennt er wie besessen,
Tag ein, Tag aus, die gleiche Leier,
seinen Schwur hat er vergessen. -
"Niemals wie die Eltern leben,
sondern -- viel, viel freier" !

Der Tag war lang, die Arbeit schwer …

Wer siegt - Natur oder Mensch?

Natur...
singende Vögel und reine Luft,
Sonnenschein, Wolken, Regen und Duft.
Flüsse, Wiesen, Büsche und Felder,
Hasen, Rehe, Laub/Nadelwälder,
Pferde, Kühe, Hunde und Katzen,
Weltmeere mit Robben und Lachsen,
Käfer, Füchse und Eichelhäher
und noch vieles, wunderschönes, mehr.

Mensch...
Rauchende Autos, grauer Beton,
Panzer, Kriege und Korruption,
Plastik, Atombomben, Raketen,
Viren, raffsüchtige Proleten,
Morde und Raubbau im Regenwald,
Geldgier, Verbrechen, rohe Gewalt,
Fluss, Ozean und Luftverschmutzung,
ablehnend bei Wasserkraftnutzung.

Menschen sind viel zu naiv und geblendet,
haben sich vom Schöpfer abgewendet,
sie sind egoistisch und taub und blind,
wissen nicht, wem sie ausgeliefert sind
und niemand hört den flehenden Ruf,
von dem, der diesen Planeten schuf,
seit zig Jahren schaut niemand hinauf,
keiner stoppt diesen - Erdschicksalslauf.

Schweres Unwetter

Vom Wind gejagte Wolken hetzen,
wie graugetränkte Wattefetzen,
sie rollen Bedrohliches heran,
versetzen Menschen in Angst und Bang.

Dann schießt der Himmel grelle Blitze,
mit kaum erdenklich großer Hitze,
es folgt ein fürchterliches Krachen,
das selbst Satan, vergeht das Lachen.

Dies Szenario geht Schlag auf Schlag
und Regen kommt in Strömen herab,
die Tropfen springen wie Fontänen,
rinnen davon wie dicke Tränen.

Bis dann der Sonne erste Strahlen,
das mürrische Grau fix zermahlen
und mit einem strahlenden Gesicht,
die Macht des schweren Unwetters bricht.

Die Vögel beginnen zu singen,
Menschen lassen Freud erklingen,
und am Himmelszelt, ungelogen,
thront farbenfroh - ein Regenbogen.

Erbarmen

Ab acht Uhr morgens sitzt er da,
blass und mager, mit grauem Haar,
auf dem Gehsteig vor dem Laden,
zu erbetteln milde Gaben.

Und neben seinen Füßen ruht,
ein alter umgedrehter Hut,
auf einem Schild steht - Erbarmen
gebt nur ein paar Cent dem Armen.

Niemand will bei ihm verweilen,
um zu lesen diese Zeilen,
alle, die vorübergehen,
sind bemüht, ihn nicht zu sehen.

Abends packt er seine Sachen,
um sich auf den Weg zu machen,
wie stets, in gebückter Pose,
geht's ins Heim - für Obdachlose.

Kirschblütenzeit

Weil sich Ende März die Sonne zeigt,
zerreißt Japan sein trostloses Grau,
und präsentiert sich im neuen Kleid,
stellt sein Weiß und Zartrosa zur Schau.

Straßen und Mauern im ganzen Land,
sind verhüllt in leuchtenden Blüten,
Kirschbäume stehen im Prachtgewand,
Vögel sind in ihnen am Brüten.

Gefühle bersten bei so viel Glanz,
Menschen eilen in Parks und Gärten,
sie bitten beim Hanami zum Tanz,
suchen einen Lebensgefährten.

Zwei Wochen bietet ihnen die Zeit,
zu singen, zu flirten, zu schwelgen,
Kirschblüten mahnen Vergänglichkeit,
weil sie kurz nach dem Fest - verwelken.

Hagelschauer

Der prallen Wolke platzt der Bauch,
sie läßt dem Inhalt freien Lauf,
wie Reis aus einem offnem Sack,
fallen Körner aus ihr hinab.

Rauschend strömen sie durch die Luft
und prasseln zu Boden mit Wucht,
auf jedem Haus, auf jedem Dach,
verursachen sie mächtig Krach.

Sie treffen Bäume und das Gras,
trommeln wild gegen Fensterglas,
springen auf Steinen und Asphalt,
zeigen so die Naturgewalt.

Bedecken das Land weit und breit,
sodass man meint, es hätt geschneit,
erst wenn der Himmel wolkenfrei,
ist´s rasch - mit der Eispracht - vorbei.

Verdächtiges Gespräch

„Ach da bist Du, wo warst Du nur,
ich hab Dich überall gesucht,
hab´s Haus duchsucht, sogar den Flur,
und ständig vor mich hin geflucht.

Was fällt Dir ein, ich brauche Dich,
Du weißt doch ganz genau wofür,
ich rutsch auf Knien, plage mich,
und Du stehst stocksteif vor der Tür.

Hast Du gedacht, ich mag Dich nicht,
meinst Du ich will ´nen neuen Mopp,
da irrst Du Dich, Du böser Wicht,
der Neue war doch nur ein Flop.“

Als Mann denk ich: „Nun schau doch mal,
wen hat mein Frauchen da entdeckt,
wer ist der Grund für ihre Qual,
und wer hat sich vor ihr versteckt?“

Ich traue meinen Augen kaum,
hör geduldig ihr Geblubber,
Arme verschränkt steht sie im Raum,
spricht lauthals - mit ihrem Schrubber.

Mein neuer Staubsauger

Ich kaufe einen “Dirty Devil“,
er ist total auf meinem Level,
handlich, praktisch und günstig ist er,
was will ich im Alleinhaushalt mehr.

Stoffbeutel muss ich nicht kaufen,
kann dieses Geld somit, versaufen,
ich mache ein strahlendes Gesicht,
eine neue Ära ist in Sicht.

Doch schon bald hab ich die Bescherung,
bei der “Dirty Devil“ Entleerung,
im Haus verstreut liegt der ganze Dreck,
ich glaub, dieses Ding – muss wieder weg.

Mein Horoskop

Mein Horoskop ist meist brillant,
an Chancen gut, an Lob charmant,
lustig, witzig, guter Dinge -
mein Sternzeichen - die Zwillinge.

Natürlich klingt nicht alles fein,
ich soll sogar ein Wirrkopf sein,
verwechsle Schlupfloch mit Schlinge -
ja nun, so sind - die Zwillinge.

Trotzdem dank ich meinen Sternen,
die sich nie von mir entfernen,
sie sind fest wie Eheringe,
echt und stabil – die Zwillinge.

Horoskop Löwe

Mein Horoskop sagt meistens Positives,
außerdem sei ich stark für Kreatives,
in Herzensdingen sei ich ein Realist,
drum ist klar, das mein Sternzeichen - Löwe ist.

Natürlich, offen, selbstbewusst, quirlig sein,
kämen für mich in Frage, tagaus, tagein,
Schlechtes käme mir nur selten in den Sinn,
das liegt wohl daran – dass ich ein Löwe bin.

Ich sei auch energisch und extrovertiert,
ein Typ der trotz allem sein Lebtag brilliert,
großzügig wär ich auch in vielen Dingen,
deshalb würd mir als Löwe - viel gelingen.

Mein Nachteil sei, ich könnt sehr wütend werden,
doch auch dieses gehört dazu auf Erden,
solch eine Eigenschaft bringt Stärke und Mut,
ich bin ein STOLZER LÖWE – und das ist gut.

Liebesglück

Ihr so schöner, schlanker, zarter Hals,
das blonde lange Haar - Gott erhalt's.
Und ihre arg tollen, schmalen Hüften,
zierte ein Kleid mit edlen Düften.

Dies alles faszinierte mich sehr,
die Gedanken rasten hin und her,
ständig musste ich an sie denken,
würde mein Herz sogar ihr schenken.

Ach ja, wenn es mich erst mal gepackt
und die Leidenschaft mein Denken jagt,
dann wird manches gar nicht mehr so leicht,
weil meine Haut friert, schwitzt und erbleicht.

Doch wenn Herzrasen sich ankündet
und ihr Blick auch den meinen findet,
dann geh ich keinen Schritt mehr zurück,
denn dann beginnt - unser Liebesglück.

Kritik

Ich schrieb spontan aus meiner Sicht,
ein ehrliches Gefühlsgedicht,
das so, im Wortlaut, abserviert:
„Schlecht dargebracht, nur hingeschmiert!“

Ich nahm den Text sogleich zur Hand,
formte ihn um, mit viel Verstand,
als Kritik las ich dieses Mal:
„Der Vers zu knapp, zu rational!“

Ich gab nicht auf und schuf wie wild,
neue Zeilen mit Klang und Bild,
doch ein kritischer Leser fand:
„Viel zu schwülstig, nur Kitsch und Tand!“

Ich war am End und wagte mich,
nicht noch einmal an das Gedicht,
blieb ratlos bei der Ursprungsform,
dann hieß es: „Endlich toll - enorm!“

Im Kaufhaus

Im Kaufhaus stand ich an der Kasse,
mit Tabak und drei Underberg,
vor mir im Wagen Schweinemasse
und obendrauf ein Terrorzwerg.

Der war übersät mit Abszesse,
gehörte einer Fast–Food-Tante,
mit einer ziemlich großen Fresse,
die "fettfrei" nur vom Hören kannte.

Hässlich war sie wie ein Abflussschacht,
roch auch haargenau so penetrant,
ich hab still in mich hinein gelacht,
sie dann leise Speckschwarte genannt.

Das Wort muss sie wohl gehört haben,
sie stampfte recht zornig auf mich zu,
„sei still", schrie sie zu ihrem Knaben,
doch es herrschte trotzdem keine Ruh.

Die Stimmung stand dann auf der Kippe,
mein Glück, dass ich es gleich erkannte,
trotzdem traf sie noch meine Lippe,
bevor ich - aus dem Laden rannte.

Amtsbrief

Den Brief vom Amt - "Zahl deine Steuer",
habe ich schön aufgehängt im Klo,
die Summe war so ungeheuer,
deshalb schrieb ich meine Antwort so:

„Bin verzogen in ein fernes Land,
hab den Ozean überflogen,
liege jetzt hier irgendwo am Strand,
genieße Sonne, Wind und Wogen."

Jetzt suchen sie mich – jede Wette,
von Deutschland bis nach Sao Paulo,
doch ich sitz auf meiner Toilette,
nehme deren Schreiben – für den Po.

Mode, Chic und Charme

Eine Jeans wollte ich mir kaufen
und traute keinem meiner Augen,
mit zig Rissen war der Stoff verletzt,
und an manchen Stellen durchgewetzt.

Erst dachte ich an ein Versehen,
doch man gab mir klar zu verstehen,
dieses sei der Mode letzter Schrei,
fragte - wo ich denn zuhause sei.

Ich könne doch eine anprobier´n,
und sie auch selber noch ruinier´n,
solch Angebot kam mir gelegen,
der Preis war auch nicht so verwegen.

Außerdem konnt´ ich mir sicher sein,
keinem Menschen fiele dabei ein,
ich sei obdachlos und bettelarm -
drum pfeife ich nun - auf Chic und Charme.

Jung und Alt

Bin nicht schön und habe kein Geld,
hab` keine Macht, auch keinen Titel,
was ist es, das dich noch bei mir hält,
ich hab´ doch keine Zaubermittel.

An Jahren bist du mir weit entfernt,
noch verschont von des Lebens Härte,
du bist von Glück und von Kraft besternt,
zeigst deine jugendlichen Werte.

Jeder sagt, die Liebe sei ein Buch,
mit sieben Siegeln fest verschlossen,
und es stünd‘ darin ein böser Fluch,
mir ist die Angst ins Herz geschossen.

Ich wüsst‘ so gern, was dich bei mir hält,
und dennoch will ich's gar nicht wissen,
denn du gehörst zu der jungen Welt,
dich werd´ ich irgendwann - vermissen.

Täglich denselben Trott

Jeden Morgen die dieselbe Tour,
vielen Menschen fällt es sehr schwer,
ständig schauen sie auf die Uhr,
stellen sich jedoch selten quer.

Täglich auf denselben Schienen,
mit der Bahn durch die gleiche Stadt,
zig Typen mit dunkler Mine,
weil die Bahn meist Verspätung hat.

Es sind stets dieselben Leute,
die sich versammeln für die Fahrt,
eine pflichtbewusste Meute,
die täglich zum Arbeitsplatz karrt.

Immer zu denselben Zeiten,
fahr´n sie hin und wieder zurück,
bei so vielen Widrigkeiten,
wird sicher - manch einer verrückt.

Nicht - An der Nordseeküste, (Klaus & Klaus) – nein – nur die Melodie

An den Bordsteinkanten

Täglich in der fortschrittlichen Zeit,
da machen die Menschen die Fußwege breit.
Die Planer sie leben in Saus und in Braus,
aber blöd seh´n sie dabei doch trotzdem noch aus.

An den Bordsteinkanten in Stadt und auch Land,
stolpern Omas und Opas am laufenden Band.
Da kommt gleich der Sanka, danach auch der Doc,
und was er dort erblickt, versetzt ihn in Schock.

Seh´n Alte den Bordstein, bekommen sie Wut,
die Steine, sie halten, mal schlecht und mal gut,
manche steh´n schräg und andere quer,
drauf geh´n oder wandern, fällt Gebrechlichen schwer.

An den Bordsteinkanten in Stadt und auch Land,
stolpern Omas und Opas am laufenden Band...

Die mit ´nem Stock singen ein Klagelied,
weil sie kaum noch zum Gehsteig hochkommen, so´n Schiet.
Omas und Opas, ob sie arm oder reich,
beim Stolpern und Hinfallen sind sie alle gleich.

An den Bordsteinkanten in Stadt und auch Land,
stolpern Omas und Opas am laufenden Band ...

Uwe und sein Auto

Heute früh vor der Waschanlage,
steht geduldig mein Nachbar Uwe,
für ihn ist es gar keine Frage,
er wird gewaschen, der PKW.

Ein Schaumbad der teuersten Klasse,
hat er am Automaten gewählt,
fährt den Wagen in die Waschgasse,
hat beinah die Spurrinne verfehlt.

Lächelnd wählt er dann das Vollprogramm,
shampoonieren, sprühen und wachsen,
und per Knopfdruck startet er sodann,
den Ablauf, man hört´s Wasser platschen.

Die Programme laufen sehr zügig,
den Schluss übernimmt ein Warmluftföhn,
Uwe strahlt, steigt ein, ganz rotwangig,
sein Auto glänzt wieder - wunderschön.

Hektisch rast er aus der Anlage,
sieht aber den roten Pfeiler nicht,
es kracht und Uwe kommt in Rage,
weil mit Radau der Spiegel abbricht.

Auch der Kotflügel hat zig Kratzer,
total zerstört ist auch das Blinklicht,
ständig passieren ihm solch Patzer,
dem Uwe fehlt oft – die Übersicht.

Und die Moral von der Geschicht:
Dem Auto soll man Pflege gönnen,
und als Besitzer – fahren können.

Hausarbeit

Hausarbeit ist heute angesagt,
ständig wurde sie von mir vertagt,
doch heut hab ich mir vorgenommen,
putzen - nichts darf dazwischen kommen.

Doch ganz egal, was ich auch mache,
ich finde stets ´ne neue Sache,
fang sie an und beende sie nicht,
schreibe zwischendurch ein Kurzgedicht.

Die Quittung bekomme ich sofort,
nichts leg ich an den richtigen Ort,
die Spüle hab ich nicht ausgeräumt,
das Bettenmachen total versäumt.

Restmüll wurde von mir falsch sortiert,
und die Herdplatte extrem verschmiert,
ich hetze wie ein Wilder durchs Haus,
das Bügeleisen ist auch nicht aus.

Seit heut früh dreh ich mich im Kreis
frag mich so langsam, was soll der Scheiß,
jetzt lass ich die Fünf mal grade sein
und genieße voll den Sonnenschein.

Doch nun ruft mich meine Tochter an,
und fragt, ob ich kurz mal kommen kann.
Der Anruf stimmt mich froh und heiter,
mit Hausputz - mach ich morgen weiter.

Die Lerche

Würd gern verstehen der Lerche Gesang,
ihre Lieder mit so herrlichem Klang,
egal wie schnell die Stunden enteilen,
die Lerche hat stets was mitzuteilen.

Sie weckt mich am Morgen mit frischem Klang,
sagt: „Hab vor dem neuen Tag keine Bang“.
Auch wenn der Abend kommt und fordert Ruh',
deckt mich die Lerche mit Lobpreisung zu.

Ich wüßte so gerne, was sie mir sagt,
diese Frage ist es die an mir nagt,
doch die Antwort find´ ich nie und nimmer,
die Lerche singt – für mich und für immer.

Lebensweise

Jede Dummheit ist eine Last,
mit all ihren krummen Wegen,
stets ist sie zu Unrecht verhasst,
denn sie besitzt auch ihren Segen.

Neugierde und der Wissensdrang,
sowie das qualvolle Streben,
sind doch nur wenig von Belang,
wichtig ist nur, ein langes Leben.

Selbst die Miseren kümmern nicht,
in die man hineingeritten,
man sieht der Welt ins Angesicht,
erfreut sich an des Landes Sitten.

Ein Stammtisch bietet festen Hort,
für den, den das Leben peinigt,
es ist ein wunderbarer Ort,
der des Lebens Last bereinigt.

Mancher wird sagen: „Es ist schlecht,
zu hegen, solch Lebensweise."
Jedoch der Dummheit ist es recht,
die Welt sieht sie - in bessrer Weise.

Morgens im Bett

Wenn der Wecker frühmorgens laut schreit,
ist man zwar wach, doch noch lang nicht ganz,
man zieht sie gern vor, die Schläfrigkeit,
vor dem stressgeplagten Alltagstanz.

Schnell noch mal umdrehen, ist normal,
kurz nach dem Schlummerknopf getastet,
das Zeitfenster ist gewiss recht schmal,
doch gleich aufsteh'n, wär' überhastet.

Lieber noch mal hurtig verstecken,
Augen zu, ein wenig noch träumen,
in den kuschlig warmen Bettdecken
und nicht Milch für Kaffee aufzuschäumen.

Es kann aber auch leicht passieren,
dass man etwas zu lang liegen bleibt,
doch dann beim Wecker kontrollieren,
spürt, dass etwas im Unterleib treibt.

Denn des Nachts, da läuft die Blase voll,
zwingt uns Menschen aufs WC zu geh ‘n,
man empfindet´s in der Früh als Groll,
doch klar wird auch – endlich aufzusteh'n.

Nein, so nicht

Ich habe gute Manieren,
sage auch klar was ich denke,
lass mich nicht manipulieren,
halte gar nichts von Gezänke.

Doch du sagst mir in einem fort,
ich würde niemals Ruhe geben,
hätt ständig auch das letzte Wort,
würde stets in Argwohn leben.

Das hasse ich, so wie die Pest,
du willst nur, dass ich nicht rede,
den Mund zukneife, steif und fest,
meinen Groll im Innern hege.

Solch Spielchen spielst du nicht mit mir,
werd mich sicher nicht drum scheren,
den Psychotrick erspare dir,
nutz deinen Verstand – den Fairen.

Ins Abseits verbannt

Der Schuldenberg und der Sparvertrag,
beide sind eine furchtbare Plag',
Traurig muß er ins Sparschwein sehen
und ständig im Arbeitsamt stehen.

So geht's dem Armen tagein, tagaus,
man pfändet einfach sein kleines Haus,
sein Portemonnaie ist längst nicht mehr voll,
er weiß nicht mehr, was er machen soll.

Völlig isoliert und deprimiert
das Essen aufs Kleinste reduziert,
krumm sitzt er in einer Sackgasse,
trägt in der Hand 'ne Betteltasse.

So geht's vielen Menschen hier im Land,
sie werden meist ins Abseits verbannt,
bildlich geseh´n, auf die Nas´ gehau´n,
um ihm fix sein Hab und Gut zu klau´n.

Alles geschieht nach Recht und Gesetz
und von der Obrigkeit mit Geschwätz,
damit der raffsüchtig große Mann
sich die schönste Villa leisten kann.

Kraft der Natur

Tiefdruckwirbel durchstreift das Land,
der Himmel färbt sich trüb und grau,
nur noch im Osten, ganz am Rand,
ist er noch wolkenlos und blau.

Doch es wachsen Wolkentürme,
die langsam Richtung Westen weh´ n,
in ihnen keimen Wetterstürme,
die als Gewitter niedergeh´n.

Man sollte sich in Acht zu nehmen,
nicht vergessen, die Kraft der Natur,
keiner von uns kann sie zähmen,
vor ihr sind wir - wie Mücken nur.

Arbeitslos

Sieben Uhr morgens, raus aus dem Bette,
Frühstücken und dann ´ne Zigarette,
ein heißes Bad wird um Acht genossen,
und danach werden Blumen gegossen,
die Zeitung von vorn bis hinten studiert,
einige Telefonnummern notiert.

Um Neun im PC das Konto besucht,
und geschaut, ob die Stütze schon gebucht,
ab Elf werden Anrufe getätigt,
und einige Aufträge bestätigt,
für Zwölf Uhr wird bei Meier avisiert,
dort wird heute die Küche renoviert.

Halb Zwei bittet Frau Meier zu Tisch,
es gibt Kartoffeln mit geback´nem Fisch,
um Achtzehn Uhr ist alles tapeziert,
Dreihundert Euro werden bar kassiert,
Morgen werden die Türen gestrichen,
das Arbeitsamt funkt wohl nicht dazwischen.

Abends wird ein wenig ferngesehen,
man muss schließlich zeitig schlafen gehen,
denn Morgen gibt es ein volles Programm,
früh den Korridor fliesen bei Frau Klamm,
dann bei Schulz Teppichboden verlegen,
dabei denken: „Sich regen bringt Segen."
Später auch mal grübeln: „Wie wär´ es bloß,
wär´ man ab sofort - nicht mehr arbeitslos.

Schlimmer geht's nimmer

Die blöd´ste Sendung im TV
ist sicherlich nicht "Robin Hood",
nein, nein, es ist "Bauer sucht Frau",
von der Sponsor Kette "Fast Food".

Man sieht gut beleibte Weiber,
die beknackte Bauern necken,
und mit arg dummen Geseiber,
deren Begehrlichkeit wecken.

Doch die Bauern gleichermaßen,
sind meistens auch etwas verrückt,
sie sagen: „Eine wird passen,
die uns so dann und wann beglückt."

Zur nächsten Staffel im TV,
wird man wohl einen Porno dreh´n,
wo "doofer Bauer, fette Sau",
im Schweinestall - zur Sache geh´n.

Wenn eines Tages

Drück deine Lippen zusammen,
sag kein unüberlegtes Wort,
meide unnötige Schrammen,
bleibe stets im korrekten Hort.

Sag nichts gegen Terroristen,
sonst gibt´s staatlichen Gegenwind,
du stehst als rechts auf den Listen,
und bist ein falschgelenktes Kind.

Dulde böse Übergriffe,
trete sie platt, deine Kultur,
gib sie preis, die alten Riffe,
geh einfach auf der neuen Spur.

Wenn dann eines schönen Tages,
alles im Fremdglauben versinkt,
sagen viele: „Wir ertragen´s,
hatten nur den falschen Instinkt.“

So nicht

Hast wieder viel zu tief ins Glas geguckt,
und gierig Hochprozentiges geschluckt,
jetzt bist du betrunken, sternhagelvoll,
jag ihn zum Teufel, diesen Alkohol.

Hast wieder nur fettes Zeug gegessen,
dich maßlos und total überfressen,
dein Magen konnt´ keine Ruh einlegen,
nimm bitte kein Fast-Food mehr entgegen.

Hast wieder zig Zigaretten geraucht,
deine Lunge und den Kreislauf missbraucht,
und den Schwur vergessen - nie wieder, nie,
verdamme sie, die Tabakindustrie.

Hast wieder zu lang zum Bildschirm geschaut,
dir die Stunden mit üblen Mist versaut,
du weißt, dass du deinen Geist vernichtest,
drum wehr´ dich - indem du selber dichtest.

Katzen und Kater

Meist kuscheln sie ganz lieb und schnurren,
doch heute hört man sie laut knurren,
sie sind wütend, völlig aufgeregt,
haben die Ohren zurückgelegt.

Sie fauchen bedrohlich und zischen,
wollen den Gegner voll erwischen,
mit lautem Keifen und viel Geschrei,
starten sie zur wilden Rauferei.

Zeigen Gebiss und scharfe Tatzen,
beißen auch kräftig zu und kratzen,
büßen hier und da ein Härchen ein,
ein Zähnchen darf es auch mal sein.

Voll und ganz auf raufen versessen,
wird der Anlass blitzschnell vergessen,
man hat gekämpft um Platz und Revier
vielleicht auch um Milch, Futter und Gier.

Dem Katzenbesitzer ist es egal,
den Gewinner kennt er allemal,
sein Kater hat stets 'nen guten Lauf,
und heut war er - besonders gut drauf.

Bin nur ein Poet

Vielleicht versteh ich's nicht so richtig,
manch Leser nimmt mich hier zu wichtig,
was ich jedoch keineswegs versteh,
weil ich so schreibe, wie eh und je.

Gedichte will ich hier postieren,
und mich nicht damit profilieren,
jeder der nach meiner Meinung fragt,
bekommt ´ne klare Antwort gesagt.

Manche meinen, ich sei Berater,
andere sagen, strenger Vater.
Nein, aus diesem Alter bin ich raus,
bin nur ein Poet - Schluss, Punkt und aus.

Er klopft schon leise an die Tür

Dezember klopft leis´ an die Tür,
täglich wird das Pochen lauter,
die Kinder haben´s im Gespür,
denn schon bald kommt ein Vertrauter.

In jedem Jahr kehrt er zurück,
mit einem Sack voller Gaben,
sowie kleines und großes Glück,
an dem sich die Seelen laben.

Aus der Welt geht er dann mit Knall,
Getöse und buntem Flitter,
vom alten Jahr bleibt nur der Schall
und viele Gedankensplitter.

Wen kümmert´s, wird zu recht gefragt,
es kehrt schließlich alles wieder,
drum singen wir ganz unverzagt,
die uns - altbekannten Lieder.

Kurz vor Weihnachten

Hab ´ne Tanne im Wald abgehackt,
und sie ganz schnell ins Auto gepackt,
bin dann recht zügig heim gefahren,
so, wie auch in früheren Jahren.

Die Tanne steht jetzt als Weihnachtsbaum,
in meinem gemütlichen Wohnraum,
ich schmücke sie mit viel Lametta,
und natürlich auch mit Engelhaar.

Auf die Spitze setz ich einen Stern,
der ist zwar alt, doch ich hab ihn gern,
an den Zweigen werden aufgereiht,
Christbaumkugeln, echte Handarbeit.

Kerzen zwick ich fest auf den Zweigen,
sie dürfen sich keinesfalls neigen,
denn werden sie später entzündet,
ist Angst vor Feuer unbegründet.

Jetzt trink ich erst mal einen Glühwein,
nach getaner Arbeit muss das sein,
nasche ein paar Kekse nebenbei,
hör Weihnachtslieder, zwei oder drei.

So beende ich den Tagesrest,
wünsch mir selbst ein schönes Weihnachtsfest,
geh´ dann bald mit Mut ins neue Jahr,
hoffe, es wird nicht so hart - wie´s Alte war.

Weihnachtliches Treiben

Viele winterliche Nasen drücken,
sich an Schaufensterscheiben platt,
und in den Läden herrscht Entzücken,
das Staunen findet bei Kindern statt.

Zig Tannenzweige, Kerzenständer,
nebst Lichterketten, Holzfiguren,
bunte Girlanden am Geländer,
allerorts schöne Weihnachtsspuren.

Leuchtende Farben, reges Treiben,
heller Lichterglanz erfüllt die Stadt,
Händler die schwarze Zahlen schreiben,
füttern Alt und Jung mit Naschzeug satt,
man muss sich das mal einverleiben,
jeder will – dass der Andre - was hat.

Hin und wieder aussieben

Der Mensch folgt gerne seinem Triebe,
versucht alles, was die Ruhe stört,
hin und wieder mal auszusieben,
weil sein Leben ihm allein gehört.

Ziellos irrt er so durch die Jahre,
schlägt ab von seiner Zeit, Stück für Stück,
doch das, was bleibt, ist plötzlich nahe,
schlägt hart und erbarmungslos zurück.

Da hilft kein Jammern und kein Klagen,
denn die meisten Chancen sind dahin,
Zeit, die oft sinnlos totgeschlagen,
bleibt letztendlich doch die Siegerin.

Grippe

Läuft die Nase wie ein Wildbach,
sind die Füße eisig und schwer,
dann holst Du Dir mit Ach und Krach,
die allerfeinste Grippe her.

Drum zieh ´nen dicken Pulli an,
auch Stiefel sind jetzt angesagt,
denn bei diesem Wetter weiß man,
dass der Virus nach Opfer jagt.

Und hat er dich erst mal erreicht,
dann trinke Grog mit sehr viel Rum,
das Fieber sinkt, die Krankheit weicht,
alles was bleibt – ist – Schädelbrumm.

Sie ist krank

Meine Waschmaschine ist defekt,
es ist kaum zu glauben, doch sie leckt,
ich kann´s überhaupt nicht verstehen,
´ne Zunge ist nirgends zu sehen.

Trotzdem nässt sie kräftig und sie trieft,
hört sich an, als ob die Nase schnieft,
so, als sei der Zinken arg verstopft,
und es der Grund ist, weshalb sie tropft.

Auch ihr Schlund ist stark angegriffen,
sie röchelt und hat schon gepfiffen,
der Grund dafür, auf den ich tippe,
das alte Frauchen, hat die Grippe.

Schließlich steht sie nur im Kellereck,
und sieht tagtäglich den Kleidungsdreck,
stark verschmiert ist ihr großes Auge,
da hilft auch keine Seifenlauge.

Kein Wunder, wenn sie da mal erkrankt,
und erschöpft von ihrem Dienst abdankt,
doch ich möchte sie nicht verlieren,
ich lass sie Morgen – reparieren.

Landgut Ruff

Landwirt Ruff muss im Stall erblicken,
wie seine Frau und der Knecht "stricken",
drum schreit er: „Wollt ihr mich verkohlen,
der Teufel soll euch beide holen!"

Später muss der Landwirt erspähen,
das die Söhne in High-heels gehen,
und er denkt: „Bei deren Prüderie,
vermutet man doch so etwas nie."

Seine Töchter muss er ermahnen:
„So gerät man auf schiefe Bahnen,
hört zu, Himmelarsch und Nadelstich,
ihr gehörst zum Hof, nicht auf den Strich.

Kurz drauf hat der Landwirt wutentbrannt,
seinen Schriftzug am Haus umbenannt,
aus den großen Worten LANDGUT RUFF,
machte er ruckzuck – LANDGUTER PUFF.

Lachen

Ich lache für mein Leben gern,
es verschönert mir die Tage,
Humor, das ist der hellste Stern,
selbst in dunkler Lebenslage.

Dieses, mein fröhliches Lachen,
ist es, dass mich sehr glücklich macht,
selbst wenn Gewitter laut krachen,
wird bei mir herzhaft gelacht.

So finde ich mein Leben toll,
leb es sicher auch so weiter,
lachen ist einfach wundervoll,
ist ein Wohlfühl-Aufbereiter.

Unser Regime

Deutschland, welch einig Tätervolk,
wo man auch hinschaut, nur Erfolg,
die Wirtschaft blüht, "Grünnation",
doch wer im Lande, glaubt das schon.

Im TV dichtet man fleißig,
so wie Neunzehnneununddreißig,
Diskussionen voll Ironie,
und Schöngerede wie noch nie.

Wer hierzulande will den Spaß,
muss provozieren mit viel Gas,
denn den Schlauen und den Hohlen,
schaudert's bei solchen Parolen.

Und wem nicht reicht das Eigenheim,
der schreit "Heim ins Reich" - it´s Time,
doch die Meisten sagen: „Was soll's,
auf unser Regime – sind wir stolz!"

Traumfrau

So kannst du mich doch nicht betören,
es sind deine Kleider, die stören,
Schuhe und Strümpfe müssen gehen,
ich möchte deine Beine sehen,
lass deine Schultern mich entzücken,
auch deinen Bauch will ich erblicken.

Ich bewundre gern, keine Frage,
dein Antlitz schon sehr viele Tage,
hab deine Augen bestens studiert,
auch dein Po hat mich interessiert,
deine Jeans ist eng und wunderschön,
doch ich will dich, auch mal ohne seh´n.

Noch immer trägst du zarte Dinge,
die ich dir jetzt vom Körper zwinge,
denn durch jedes Stoffstück neben dir,
baut sich auf in mir, die heiße Gier,
dein BH ist noch am falschen Ort,
nur ein Griff von mir, schon ist er fort.

Endlich kann ich deinen Busen seh´n,
muss überwältigt zu Boden geh´n,
und weil ich nun schon mal unten lieg,
deinen Slip blitzschnell zu fassen krieg,
dich splitternackt seh´, in voller Pracht -
oh mein Gott --- nun bin ich aufgewacht.

Man träumt davon

Ständig diesen Lebensschutt schleppen,
der dem Geist und dem Körper schaden,
auf Straßen, Wegen und auf Treppen,
träumt man davon, ihn abzuladen.

Hätte man den Müll selbst geschaffen,
wäre man still, würde nicht klagen,
man macht sich damit selbst zum Affen,
im Zwang, der Menschheit Last zu tragen.

Wohin mit all den bösen Gaben,
die Spender sind nicht aufzufinden,
den Schutt will keiner wiederhaben,
man muss sich damit – weiter schinden.

Dunkle Seiten und Sorgen

Meistens still und sehr tief verborgen,
bewahr´n wir unsre dunklen Seiten,
genau so machen wir´s mit Sorgen,
die wir dann vor Andern abstreiten.

Nach außen wollen wir stets strahlen,
glücklich sein und ohne Probleme,
denn wenn wir´s Unglück bunt anmalen,
verliert´s für Andere die Extreme.

Drum leiden wir meistenteils leise,
leben nach außen hin nur im Glück,
doch auf diese seltsame Weise,
finden wir – einsam werdend – kaum zurück.

Ostertage sind nicht mehr weit

Starkes Frühlingsgespür bei den Tieren,
Vögel zwitschern und jubilieren,
alle machen sich für´s Fest bereit,
Ostertage sind jetzt nicht mehr weit.

Zig Spechte hämmern, Blumen nicken,
auch der Maulwurf lässt sich kurz blicken,
Frühling trägt sein allerschönstes Kleid,
Ostertage sind jetzt nicht mehr weit.

Sonnenstrahlen blinzeln durch Zweige,
die Grillen stimmen ihre Geige,
Bäche murmeln leis, vom Eis befreit,
Ostertage sind jetzt nicht mehr weit.

Auch Igel heben ihre Nasen,
Osterglocken füllen den Rasen,
die Narzissen blühen weit und breit,
Ostertage sind jetzt nicht mehr weit.

Drum lasst uns froh nach vorne sehen,
und friedlich dieses Fest begehen,
seid für´s Auferstehungsfest bereit,
Ostertage – sind jetzt nicht mehr weit.

Voller Vertrauen und naiv

Es stimmt, ich bin ein Kind der Einfalt,
voller Vertrauen und sehr naiv,
ich nehme jeden Satz beim Inhalt,
prüfe ihn auch nicht auf sein Motiv.

Schließlich steht es nicht in meiner Macht,
zu beweisen Lug und Trug und Schein,
nur weil ein Lügner mich frech auslacht,
und noch meint, der Klügere zu sein.

Nein, nein, das habe ich nicht nötig,
so nah lass ich niemand an mich ran,
ganz egal, wie falsch und erbötig,
der Andre die Fallen auch ersann.

Ich kann es mir leisten blind zu sein,
wenn es um heikle Versprechen geht,
denn mein Wahlspruch lautet: „Trau, schau, mein.“
Jedoch - niemals gilt für mich: „Zu spät!“

Die Welt ist schön

Der helle kommt Morgen vertreibt die Nacht,
es glitzern noch Tropfen auf Zweigen,
doch dort, wo bereits die Sonne lacht,
tanzen Schmetterlinge im Reigen.

Ich sitze faul da, trinke Kaffee,
habe schließlich nichts zu versäumen,
in meinem Garten fallen, wie Schnee,
zartrosa Blüten von den Bäumen.

Mein Nachbar kehrt seine Zufahrt frei,
Blütenblätter wirbeln wie Fahnen,
seine Frau kommt von der Bäckerei,
mit frischem Brot, ist zu erahnen.

Ich wende mich meinem Frühstück zu,
fühle mich wohl mit vollem Magen,
lehne mich zurück, gönne mir Ruh:
„Die Welt ist schön", hör ich mich sagen.

Kinder dieser Welt

Kinder sind, wie sie nun mal sind,
man soll sie auch nicht verbiegen,
es geht doch schließlich nicht beim Kind,
um Verlieren oder Siegen.

Die einen blicken ständig bang,
trauen kaum sich umzuschauen,
umklammern nur der Mutter Hand,
scheinen nur ihr zu vertrauen.

Andre Kinder wollen wissen,
wo sich die Eltern befinden,
schlafen schlecht auf ihrem Kissen,
müssen Ängste überwinden.

Manch ein Kind muss sehr viel wagen,
bewegt sich auch recht selbstbestimmt,
muss Verantwortung selbst tragen,
weil Mutter sie nicht übernimmt.

Eltern sollten ein Leuchtturm sein,
der Kindern Kraft und Hoffnung gibt,
und ihnen zeigt, mit hellem Schein,
dass man stets da ist - und sie liebt.

Dorfidylle

Ein kleines Dorf im Wiesental,
nur zwanzig Häuser an der Zahl,
die Kirche steht beim Sägewerk,
vorm Gutshaus liegt ein Futterberg.

Am alten Traktor nagt der Rost,
ein Briefträger verteilt die Post,
beim Bäcker gibt´s im Angebot,
ab neun Uhr frisches Roggenbrot.

Vom Himmel stahlt der Sonnenschein,
wie wird das Wetter morgen sein,
´ne Bäuerin singt aus voller Brust,
das alte Volkslied "Waldeslust".

Im Wirtshaus gibt es Kalbsbraten,
serviert wird auch im Biergarten,
der Metzger bietet Haxen an,
auf Nachbars Mist kräht laut ein Hahn.

Ein kleiner Bach rinnt durch´s Idyll,
kein Mucks, kein Laut, vollkommen still,
so geht's weiter, noch lange Zeit,
in vielen Dörfern – weit und breit.

Der Lenz ist angekommen

Dieses Jahr, es wäre sicher leer,
gäb´s nicht das Vogel-Frühjahrssingen,
mit dem jedes große Vogelheer,
müde Seelen lässt fröhlich klingen.

Weit entfernt vom Lärm singen sie laut,
man hört es trotz flattern und schwirren,
Nester haben sie bereits gebaut,
jetzt schnäbeln sie, zwitschern und girren.

Ich hab den Frühling herbeigesehnt,
hab jedes Zwitschern wahrgenommen,
wenn jetzt ein Vöglein am Himmel schwebt,
weiß ich - der Lenz ist angekommen.

Temperaturen steigen

Täglich steigt das Thermometer,
die helle Sonne brennt auf's Dach,
Dunkelheit kommt abends später,
manch Lebensgeister werden wach.

Lästig werden warme Kleider,
sind völlig unbequem und schwer,
die jetzt aufgeheizten Leiber,
sehnen sich nach Sandstrand und Meer.

In den neuen Leichtgewändern,
wird der Balkon vom Schmutz befreit,
und an den Metallgeländern,
werden Blumenkästen gereiht.

Sonnenschirme, bunte Liegen,
dazu ein kühles Gläschen Wein,
die ersten Mücken und Fliegen,
tanzen dazu im Sonnenschein.

Erst bei dreißig Grad im Schatten,
kleben die Hemden auf der Haut,
und ein Stöhnen nach den matten,
Frühlingstagen - wird wieder laut.

Nachkriegszeit

Zerstörte Häuser, welch ein Graus,
auf den Straßen wenig Verkehr,
Trümmerberge vor jedem Haus,
die meisten Wohnungen sind leer.

Vollmilch gibt´s in Pappe-Tüten,
mit blauer Kuh auf weißem Grund,
daneben drei schöne Blüten,
sowie die Aufschrift – sehr gesund.

Bohnenkaffee gibt´s im Geschäft,
natürlich auch den Muckefuck,
Malzbier und fürs Kind ein Schulheft,
das ist ein wirtschaftlicher Ruck.

Mal gibt´s Hähnchen, mal Rouladen,
die Brotschnitte ziert Griebenschmalz,
das ist nicht zu Leibes Schaden,
doch keiner kriegt ihn voll, den Hals.

Vieles gibt´s auf Monatsraten,
man bringt fast alles an den Mann,
selbst die kurzen Stadtrundfahrten,
kommen gut bei den Leuten an.

Dann geht es Richtung Moderne,
es gibt den ersten Supermarkt,
Tante Emma hat man gerne,
doch Selbstbedienung – das ist smart.

Besuch in meiner Heimatstadt

Zwischen bieder geduckten Häuserzeilen,
gehe ich altbekannte Straßen entlang,
die sorgfältig bepflanzten Grünen Meilen,
betrachte ich tiefsinnig im Schlendergang.

Straßennamen und Plätze sind geblieben,
sie erinnern an die vergangene Zeit,
gleichmütige Bürger mit treuen Seelen,
sind gegen das hektische Treiben gefeit.

Im Korbstuhl sitzend vor dem Stadtpark-Café,
halte ich meine Augen halb geschlossen,
tröpfele etwas Zitrone in den Tee,
wie damals, als ich hier die Zeit genossen.

Ernüchterung

Immer wenn ich auf den Straßen,
die kleinen Kinder lachen seh´,
wie sie miteinander spaßen,
dann tut mein Alter mir leicht weh.

Völlig frei von allen Sorgen,
toben sie auf vielen Plätzen,
kümmern sich nicht um ein Morgen,
wissen nur das Heut zu schätzen.

Ach, wär ich doch noch einmal Kind,
frei von schwierigen Gedanken,
ich würde fliegen mit dem Wind,
mit den Meereswellen wanken.

Gezügelt wird die Fantasie,
es folgt alsbald Ernüchterung,
denn trotz Wille und Energie,
bleibt kein einz´ger Mensch - ewig Jung.

Jeden Tag

Jeden Tag
möchte ich deine Augen sehen,
einfach nur ganz nah neben dir stehen,
jeden Tag
möchte ich dich lachen hören,
mit lieben Worten dich innig betören.

Jeden Tag
möchte ich deinen Körper spüren,
deine zarte Haut mit den Lippen berühren,
jeden Tag
möchte ich dir Blumen schenken,
dich in den Hafen der Liebe lenken.

Doch um mich ist alles so trostlos und leer,
jeder Tag ohne dich, ist unsagbar schwer,
jeder Tag
ohne dich ist, wie ein Glas ohne Wein
mir ist klar, du bist dort und ich hier,
- jeder allein -.

Liebeserklärung

Wenn ich Dich seh´
geht die Sonne auf,
Sehnsucht erwacht,
nimmt ihren Lauf ;
Du hast die strahlendsten Augen,
die all meine Sinne stets rauben;
Deine Lippen weisen mir Zärtlichkeit,
ich träume nicht,
sehe die Wirklichkeit;
Deine Stimme so weich, wohltuend rein,
vor lauter Freude könnte ich schrei´n;
deine Haut, zart wie kostbare Seide,
dein Haar, feingelocktes Geschmeide;
bei Dir spür ich Wärme,
bei Dir will ich sein,
die Frau meines Lebens,
bist du ganz allein.

Falsches Verlangen

Sind Menschen wirklich stark und kühn,
wenn sie nach fernen Sternen greifen,
seh´n sie nicht hier die Blumen blüh´n
und wie in Gärten Früchte reifen ?

Warum ist riesig das Verlangen,
im All Planeten zu besetzen,
wenn keiner muss auf Erden bangen,
das dieser Globus wird zerfetzen.

Wird es nicht Zeit mal umzudenken,
sich auf diese Welt zu konzentrieren,
Macht und Neugier einzuschränken
und sich selbst mehr kontrollieren.

Mensch, verlang nach fernen Sternen nicht,
freu dich des Glücks, das dir beschieden,
vergiss Verlangen, übe mehr Verzicht,
dann bist du glücklich und zufrieden.

Altbauidylle

Hinter Häusern, hinter Mauern,
hat das Stadtkind sein Zuhause,
Tag für Tag im Hof rum kauern,
keinen Freiraum für Gesause.

Nur Beton und Wäscheleinen,
weder Blumenbeet, noch Rasen,
Sonnenlicht bleibt hinter Steinen,
nur der Wind kann zaghaft blasen.

Unrat quillt aus Kunststofftonnen,
durch alte Fenster dröhnt Musik,
Jahre sind hier schnell verronnen,
der Altbau modert Stück für Stück.

Dem Eigentümern scheint´s egal,
Mitgefühl ist nicht vorhanden,
für ihn sind Kinder asozial,
ist ihm gleich wo sie mal landen.

Wichtig sind die Mieteinnahmen,
es zählt für ihn nur bares Geld,
selbst den Ärmsten aller Armen,
wird jeder Cent herausgequält.

Der Mensch von heute
(zum Glück nicht alle)

Offene Ohren, weiches Herz,
selten wie im Wald die Trüffel,
häufiger sind Leid und Schmerz
und Gebrülle wie bei Büffel.

Kein Mensch hört einem Andern zu,
geht lieber stur den eig'nen Weg,
auch Mitleid ist schon längst tabu,
gehört nicht mehr zum Privileg.

Eiskalte Schulter, Herz aus Stein,
so geht der Mensch durch's Leben,
Gefühle zeigt er nur zum Schein,
will nur nehmen, doch nicht geben.

Erst wenn er liegt im Sterbebett,
erntet er das, was er gesät,
Tod und Teufel singen im Duett:
"Zum – Ändern – ist es viel zu spät."

Ich, der Wind

Wenn ich so über Länder wehe,
mir dabei diese Welt ansehe,
dann kommt mir oft das kalte Grauen,
wenn ich erblicke Wald und Auen.

Grüne Wiesen werden betoniert,
sogar Wege hat man asphaltiert,
begradigt sind auch viele Bäche,
der Mensch zahlt dafür bald die Zeche.

Aus Geldgier schändet man Natur,
betreibt den Raubbau an ihr pur,
verpestet wird die reine Luft,
man riecht kaum noch der Blume Duft.

Das Meer ist längst ein Abfalleimer,
um Meerbewohner schert sich keiner,
sogar der Urwald wird gerodet,
damit es in der Kasse brodelt.

Als Wind kann ich´s nicht länger sehen,
werd einfach schnell hinüber wehen,
doch wenn ich meine Wut nicht zügeln kann,
komm ich zurück, - als wilder Hurrikan.

Stets von mir geliebter Sommer

Stets liebte ich den frischen Morgen,
seine Feuchte vom Regen der Nacht
und das Erdenzelt frei von Sorgen,
den Sonnenstrahl der vom Himmel lacht.

Stets liebte ich die heißen Straßen,
den warmen Dunst von Teer und Asphalt,
nicht ein nackter Fuß hatte Blasen,
wir waren es gewöhnt – Jung und Alt.

Stets liebte ich starke Gewitter,
dieses Schlagzeugkonzert der Natur,
und das heftige Blitzgezitter,
hinter grauschwarzer Wolkenstruktur.

Die Sommerzeit liebte ich immer,
ihre Hitze, ihre wilde Kraft,
heute ist sie ein vager Schimmer
und Erinnerung an ihre Macht.

Niemals mehr erfüllt eine Liebe,
wie heißer Sommer mir Herz und Leib,
längst ist er autark, ohne Triebe
und ich bin nur noch - sein Zeitvertreib.

Verlass Dein Schneckenhaus

Bunte Vögel steigen leise,
ins neue Tageslicht empor,
Sonne macht sich auf die Reise,
erwärmt schon bald ein jedes Tor.

Kannst Du es sehen, wie ich mich,
im Rausch der Gedanken biege
und kannst Du auch sehen wie ich
ganz sinnlich im Rasen liege?

Weißt Du nicht mehr, wie schön es ist,
sich in Leidenschaft zu streiten,
dort wo ein schöner Tag uns küsst,
willst Du mich dorthin begleiten?

Sitzt Du noch in Deinem Zimmer,
neben Deinen alten Sachen,
kannst Du dich noch dran erinnern,
an unser herzliches Lachen?

Deine Weitsicht ist nur erahnt,
willst Du die Wahrheit nicht erfahr´n,
vieles lief nicht so, wie geplant,
hat es das denn jemals getan?.

Es lockt Liebe, Duft und Gesang,
geh mit mir in die Welt hinaus,
der Sommer wird noch heiß und lang,
verlass endlich - Dein Schneckenhaus.

Das schönste Wesen

Für mich war sie das schönste Wesen,
aus tausend und einer Märchennacht,
die Königin der Traubenlese,
ein Schmuckstück von besonderer Pracht.

Ich sah nur noch Anmut und Zauber,
war betört im Herzen, fühlte Schmelz,
sie wirkte edel, fein und sauber,
so wie ein kostbarer Zobelpelz.

Dann stieg Wahrheit aus ihren Tiefen,
ihr Kleid bestand aus Lug und Betrug,
erst als die Tränen bei mir liefen,
waren - die Märchenstunden genug.

Ich zerbrach die farbigen Brillen,
erblickte die wahre Hässlichkeit
und ich dachte bei mir im Stillen:
„Danke Herr, es wurde höchste Zeit."

Unser Leben gleicht einer Zirkuswelt

Der Vorhang geht auf, die Show kann beginnen,
herzlich willkommen im Zirkus des Lebens,
Artisten, Clowns, Tänzer und Tänzerinnen,
ihr seit Inhalt und Ziel unseres Strebens.

Ein Feuerwerk und viel Technik am Himmel,
herzlich willkommen im Zirkus dieser Welt,
unten Gewirr, Getöse und Gebimmel,
gut dressiert wird alles von Macht und von Geld.

Magische Mächte, Tricks, Sprüche und Zauber,
herzlich willkommen im Zirkus der Menschen,
hypnotisiert im Käfig der Zuschauer,
balancieren auf straffem Seil - wir Menschen.

HUMOR

Frust abbauen

Jörg Gerngross leidet stark unter Frust,
ständig überkommt ihn große Lust,
für sein angeknacktes Lebensglück,
zu holen, die Harmonie zurück,
er will sie mit Genuss aufbauen,
um kräftig auf den Putz zu hauen.

Ihm schwebt ein deftiges Festmahl vor,
mit zehn bunten Kerzen als Dekor,
fünf Schlemmergänge sind Minimum,
dazu viel Sekt mit dem Namen Mumm.

Doch eines hat der Jörg vergessen,
er kann nicht kochen, kann nur essen,
drum zählt er sein Geld, das er noch hat,
und rennt spontan in die nahe Stadt.

Er will es wissen, er gibt nicht auf,
und das Schicksal nimmt seinen Lauf,
er kauft ein Schaschlik mit fünf Soßen,
und ein Sechserpack Bier, in Dosen.

Schreck in der Abendstunde

Meinen Arm lässig auf der Lehne,
kutschiere ich heut´ mit Helene,
wir sind lustig und fahren mit Schwung,
im Sportcoupe fühle ich mich jung.

Wir dreh´n so manche schnelle Runde,
und haben Spaß zu später Stunde,
doch als ich kurz mal nach hinten schau,
sehe ich ein Licht und das blinkt blau.

Sie sind zu Zweit und Beide lachen,
oh je, die woll´n mich fertig machen,
hinter mir sind sie, fahr´n nicht vorbei,
die zwei Herren von der Polizei.

Na gut, ich trank so vier, fünf Biere,
kein Grund, dass ich zu Fuß marschiere,
schließlich hatte ich enormen Durst,
das lag sicher an der Currywurst.

Plötzlich heult sie auf, die Sirene,
vor Schreck seh´ ich zwei weiße Schwäne,
und außerdem, ach, ich kann nicht mehr,
da bimmelt auch noch, die Feuerwehr.

Ich sollte nicht mehr so viel trinken,
da stehen zig Menschen, die winken,
aussteigen ist sicher auch nicht recht,
denn zeitweise wird mir richtig schlecht.

Wir halten an, die Menschen drängeln,
da hör ich klein Helene quengeln:
„Komm, beweg dich Opa, mach doch schnell,
wir fahr´n noch mal – Kinderkarussell !“

Neue Orte im Alter von A bis Z

Jetzt wohn ich hier in ALTERSHAUSEN
und schon muss ich nach BLUTHOCHDRUCKSDORF,
muss dann nach COLESTERIN sausen,
und von dort geht's nach DARMSTADT mit Zoff,
weil man nichts finden kann in ESSEN,
geht es dann weiter nach FALTENHEIM,
denn GALLENSTEIN kann man vergessen,
in HÜFTGELENK möchte ich nicht sein,
und in ISCHIAS brennt´s vermessen,
aber auch JUCKREITZ gefällt mir nicht,
auch KALTFÜSSEN war mir nie bekannt,
doch Luft bei LUNGEN ist ein Gedicht,
bei MUSKELKRAMPF lebe ich riskant,
jedoch im feuchten Orte NIEREN,
ist es ganz anders als in OHREN,
im Bezirk PODEX kann man frieren,
doch in RÜCKEN gibt´s nicht´s zu bohren,
in SEHNEN spüre ich Gezerre,
und in TAILLE fehlt mir Bewegung,
im Ortsteil UNTERLEIB herrscht Sperre,
selbst in VENEN gibt's stets Aufregung,
in WADEN wird mir zu viel gezuckt,
bei ZUNGE hab ich – wütend gespuckt.

Im Aufzug

Im Aufzug fuhr eine Tomate,
die wollt´ nicht enden im Salate,
mit einer sehr listigen Masche,
entkam sie aus der Einkaufstasche.

Nun lag sie neben vielen Beinen,
geglückte Flucht, könnte man meinen,
der Salatschüssel grad´ noch entwischt,
doch leider nützte die Freude nischt.

Denn vor der glücklichen Tomate,
stand die gewichtige Beate,
die passte aber leider nicht auf,
und latschte tollpatschig auf sie drauf.

Im Nu, Ruck zuck und kladderadatsch,
da war die Tomate nur noch Matsch,
nach erst so hoffnungsvoller Wende,
war´s für sie - das bittere Ende.

Ich sah Dich lächelnd an

Gestern sah ich Dich lächelnd an,
ging schnellen Schrittes auf Dich zu,
Du warst so anziehend und dann,
verlor ich völlig meine Ruh.

Ich wagte den Schritt, den Versuch,
Sekunden später hielt ich Dich,
und Dein aufregender Geruch,
betörte und verführte mich.

Mit einem sehr, sehr sanften Kuss,
und einem super zarten Biss,
spürten meine Sinne Genuss,
die Ekstase, war fast gewiss.

Kurz darauf war ich verdrossen,
dachte mir, weg, egal, sei´s drum,
ich hab Dich wirklich genossen,
Dich - mein Schokokuchen mit Rum.

Goldene Hochzeit

Zur goldnen Hochzeit will sie ihn,
mal so richtig überraschen,
im Bett legt sie sich nackend hin,
will ihn heute Nacht vernaschen.

Zurück denkt sie die fünfzig Jahr,
sie war´n wild und kaum zu halten,
jetzt sind sie alt, grau ist das Haar,
den Körper zier´n viele Falten.

Er kommt herein, nun geht's gleich los,
alles noch mal voll genießen,
ihr wird ganz warm in Brust und Schoß,
fest wird er sie gleich umschließen.

Sie schlägt die Bettdecke zurück,
fühlt bereits die heißen Triebe:
„Komm her, hier findest du dein Glück,
ich trage das Kleid der Liebe."

Er stutzt und schaut sie prüfend an
und sie, kann sich kaum noch zügeln,
doch dann sagt frech ihr lieber Mann:
„Das Kleid - solltest du mal bügeln."

Heut´ in der Bahn

Du steigst in die Bahn, siehst mich lang an,
das hast du bisher niemals getan,
hast mich nie beachtet, gingst vorbei,
als wenn ich nichts als Luft für dich sei.

Doch heut´ geschieht's, ich spür deine Lust,
mein Herz hämmert, sprengt mir fast die Brust,
was soll ich machen, denk ich voll List,
weil´s für mich heut´ das erste Mal ist.

Nun stehst du hier, mein Puls galoppiert,
ich such´ umsonst, dein Lächeln gefriert:
„Du kommst jetzt mit mir!" Dein Ton der zischt,
du hast mich - ohne Ticket erwischt.

Wir waren unzertrennlich

Wir zwei waren früher unzertrennlich,
du cool, weiblich und ich lässig männlich,
abends tanzten wir ums Lagerfeuer,
deine Nähe war mir lieb und teuer.

Wir liebten Rock´n Roll und Sirtaki,
fuhr´n die Sixty Six auf Kawasaki,
wilde Jahre haben uns verschlissen,
nicht eines möchte ich davon missen.

Doch plötzlich begannen die Probleme,
für die ich mich im Nachhinein schäme,
erst versuchte ich, das zu verdrängen,
doch du gabst nicht auf, mich einzuengen.

Aus ist jetzt mit tanzen und zusammen pennen,
ich muss mich heut´ schweren Herzens von dir trennen,
tut mir leid, ich ließ es leider soweit kommen,
geliebte Jeans - ich hab kräftig zugenommen.

Pech gehabt

Kurt war bei einem Quiz zu Gast,
und stand direkt vor der Million,
doch leider brachten Gier und Hast,
ihn um den hart erspielten Lohn.

Denn die letzte der Fragen war:
(Kurt sein Kopf glühte wie ein Grill)
„Wo haben Frauen krauses Haar?“
Im Saal war es mucksmäuschenstill.

Kurt dachte sich: „Gleich bin ich reich,
mein Sieg ist jetzt zum Greifen nah.“
Er platzte raus: „Im Schambereich!“
Doch richtig war --- in Afrika.

Am Parkhaus-Automat

Ich stand im Parkhaus an und schlief,
vom langen warten müd´, fast ein,
die Frau vor mir, den Rock ganz tief,
schien trotzdem locker drauf zu sein.

Ihr fiel jedoch am Münzenschlitz,
ein Euro-Geldstück aus der Hand,
ich sah beim Bücken einen Ritz,
gleich unter ihres Rockes Rand.

Kurzerhand und wohl im Affekt,
vom diesem Anblick stark gebannt,
hab ich mein Geldstück reingesteckt,
das dann auch blitze-schnell verschwand.

Die Frau war nicht mehr locker drauf,
als meine Hand auf Suche ging,
doch ich zog plötzlich was herauf -
oh je, es war ein - Piercing-Ring.

Schatzkiste gefunden

Hab eine Schatzkiste gefunden,
es war´n fünfzig goldne Taler drin,
verbogen und recht ab-geschunden,
legte ich sie sorgsam vor mir hin.

Das Erdloch hatte ich schnell entdeckt,
in dem dieser Schatz vergraben war,
er war hinter Felsbrocken versteckt,
doch mein Reichtum war mir sofort klar.

Wie im Rausch habe ich mich gefühlt,
bei all dem Schimmer und all dem Glanz,
ich hab alles richtig durchgewühlt,
was ich dann noch fand, war Firlefanz.

Doch dann kam bei bei mir der Zweifel auf:
„Sind die Goldmünzen denn wirklich echt?“
Ich biss hinein und kam blitzschnell drauf,
alte Schokotaler – pfui, die schmecken schlecht.

Schnäppchen im Supermarkt

Im Supermarkt lag gekühlt und klamm,
mit fetter Aufschrift - ein Kilogramm,
zum Sonderpreis - Zwei-Euro-neunzig,
als Schnäppchen für "Gevatter Geizig",
ein wahnsinnig großes Putenbein,
fast so groß, wie´s Vorderbein vom Schwein.

Ich war drauf und dran hinzulangen,
doch irgendwie kam da ein Bangen,
und obwohl mir schon der Speichel lief,
fragte ich erst mal mein Seelentief,
das dann sagte: „Es kann doch nicht sein,
für so wenig Geld, ein Putenbein!"

Schnell fuhr ich mit meinem Auto fort,
hatte nur Grünzeug und Obst an Bord,
und fand, die Moral hat sich gelohnt,
sie hat mein Portemonnaie geschont,
mir ein gutes Gewissen geschenkt
und meinen Blutdruck – enorm gesenkt.

Zum verlieben

Schon lang hab ich darauf verzichtet,
hab´s stets nur mit Blicken vernichtet,
und mit dem Schweinehund gestritten,
doch es half kein Betteln, kein Bitten.

Heut wird der Schweinehund wohl siegen,
bringt meinen Willen zum Erliegen,
Wasser läuft mir im Mund zusammen,
mein Gaumen steht bereits in Flammen.

Doch während ich mein Kinn noch reibe,
rückt mir das Fett bereits zu Leibe,
täglich könnt´ ich mich neu verlieben,
in diese - Schmalzstulle mit Grieben.

Schmeckt das?

Täglich steht sie am Bratwurststand,
muss schwitzen in scharfen Dünsten,
ich schaue immer sehr gebannt,
zu ihr und ihren Bratkünsten.

Die Würste liegen neben Brot,
auf Stanniol, kurze, lange,
sie fasst fix zu, die Hände rot,
mit ihrer silbernen Zange.

Kaum fühlt die Wurst die heiße Glut,
fängt sie heftig an zu zucken,
man könnte meinen, sie hat Wut,
weil sie beginnt, Fett zu spucken.

Jeder Wurst wendet sie sich zu,
dreht sie oftmals um beim Braten,
dies macht sie mit Gefühl und Ruh,
auch wenn schon zig Kunden warten.

Knackig, würzig, mit Senf verziert,
genieß ich meine Leibspeise,
jeden Tag wird sie so serviert,
und immer zum gleichen Preise.

In Rente geht sie ab Montag,
dann gibt's dort Salzgurke vom Fass,
ich hab mich deshalb mal gefragt:
„Bratsalzgurke mit Senf – schmeckt das?"

He Mädchen

„He Mädchen, du siehst super aus,
das sag ich dir als fescher Bub,
mir springen gleich die Augen raus“.
„Ja, dafür sorgt nur mein Make-up“.

„Mädchen, trotzdem gefällst du mir,
solch hübsche Frau sah ich noch nie,
mein Blick ruht liebend gern bei dir“.
„Mein Rouge ist aus der Drogerie“.

„Mädchen, dein Blick ist wundervoll,
du strahlst so klar, wie frisch geduscht,
ich finde dich ganz einfach toll“.
„Nein, ist doch alles nur getuscht“.

„Mädchen, deine runden Lippen,
sie reizen mich zu einem Kuss,
möcht sie spüren und dran nippen“.
„Schau hin, das ist nur rosa Lipgloss“.

„Mädchen, dein Haar im Sonnenschein,
ist betörend und zauberhaft,
lädt mich zum zarten streicheln ein“.
„He, das ist Styling-Gel und Taft“.

„Oh je, ich habe mich verrannt,
dachte, deine Schönheit sei wahr,
hab wohl verloren den Verstand“.
„Dann mach die Augen auf, du Narr“!

Herbert will nicht warten

Herbert will ohne Wartequalen,
mit einem Kilogramm Tomaten,
an Kasse Eins ganz schnell bezahlen,
ist damit jedoch, schlecht beraten.

Denn es geht äußerst langsam voran,
an Kasse Zwei scheint es fix zu geh´n,
drum stellt er sich ganz hurtig dort an,
weil da nur drei junge Leute steh´n.

Doch die Idee ist wirklich nicht toll,
denn als er zur Kasse Eins hin stiert,
sind zwei Einkaufswagen nur halbvoll,
anscheinend läuft´s dort jetzt wie geschmiert.

Trotzdem rennt er schnell zur Kasse Acht,
dort zahlt grad´ jemand Sojasprossen,
dann steht der Kassierer auf und lacht:
„Die Kasse Acht ist jetzt geschlossen".

Herbert läuft zur Zwei, wie zu Beginn
und denkt laut: „Ich ärgere mich sehr,
gehabt hätt ich einen Zeitgewinn,
wenn ich an Kasse Eins - geblieben wär".

Geschrei im Einkaufszentrum

Mein lieber Schatz, hör auf zu mucken,
merkst du nicht, wie die Leute gucken,
du schreist mich im Einkaufszentrum an,
dass jeder es hier mithören kann.

Es schmerzen mir bereits die Ohren,
der Schweiß rinnt mir aus allen Poren,
ich weiß doch warum Du mürrisch bist,
mein Schimpfen war sicher großer Mist.

Gern würd´ ich dich zum Lachen bringen,
soll ich Dir ein Liedchen vorsingen,
steck bitte den Schnuller in den Mund,
du weißt doch, weinen ist nicht gesund.

Jetzt seh ich´s erst, du meine Güte,
leer, ist deine Eiswaffeltüte,
mein lieber Schatz, jetzt sei bitte leis,
morgen bekommst du – ein neues Eis.

Auf meiner Mütze

Auf meiner Mütze trage ich,
Mini-Sonnenkollektoren,
recht energetisch fühl ich mich,
komm mir vor, wie neu geboren.

Sobald die Sonne aufwärts strebt,
bewegt mein Körper sich schneller,
doch wenn sie still am Mittag schwebt,
surrt mein Kopf, wie ein Propeller.

Ein Donner grollt durch meine Stirn,
weil all die Gedankenschwaden,
aus alter Zeit in meinem Hirn,
sich plötzlich als Blitz entladen.

Erst abends, wenn die Sonne sinkt,
aber auch an Regentagen,
merk ich, dass es nur Kopfschmerz bringt,
solch eine Mütze zu tragen.

Ein Minister

Als ein Minister kurz mal aus seinem Büro,
hinaus in die verdiente Mittagspause floh,
begegnete er an der Gartenrabatte,
eine fettgefress´ne, abscheuliche Ratte.

Im Vorbeigehen senkte sie höflich ihr Haupt,
zu einem freundlichen Gruß, wie´s ein jeder glaubt,
erst war der Minister erstaunt, dann verlegen,
bis er begriff – sie gehört zu den – Kollegen.

Lieb Heimatland

Kaum zu glauben, doch in der Tat
gibt es jetzt einen Aufpassrat,
der passt gut auf, und zwar direkt,
ob du bist, politisch korrekt.

Wer´s in dies Gremium geschafft,
ist alles, außer fehlerhaft,
er weiß, was bös ist und was schlecht,
was übel ist und was gerecht.

Er ist der, der den Daumen senkt,
wenn ein Mensch etwas selber denkt,
und macht der den Mund trotzdem auf,
endet ganz schnell, sein Lebenslauf.

Der Aufpassrat, er hat Lizenz,
setzt sie auch ein, in Konsequenz,
freie Meinung gehört ins Grab,
lieb Heimatland - schaff dich doch ab.

Ludwig hat Schlafprobleme

Der Ludwig ist seit vierzig Jahr,
mit Hanna schon ein Ehepaar,
die Luft ist aus der Ehe raus
und Hanna putzt nur noch das Haus.

Oft ist Hanna abends müde,
außerdem ist sie auch prüde,
sich ausziehen bei hellem Licht,
so etwas gibt´s bei Hanna nicht.

Mit schnarchen will sie Ludwig strafen,
drum kann er keine Nacht gut schlafen,
so kommt es, dass der arme Mann,
spät Nachts macht seinen Fernseh an.

Er denkt sich, schlimmer kann´s nicht sein,
ganz sicher schlafe ich bald ein,
doch was er sieht, es wird ihm heiß,
im Fernseh sind nur Nackedeis.

Nun ist der Ludwig richtig wach,
auch Hanna hört Gestöhn und Krach,
doch als sie sieht, was so laut stört,
ist sie außer sich und sehr empört.

Sie nimmt ein Nudelholz zur Hand,
schickt Ludwig ab ins Träumerland
so hat`s sich´s Ludwig nicht gedacht -
jetzt schläft er fest – die ganze Nacht.

Schnell noch duschen

Ein junger Mann, verschwitzt, rannte schnell,
vor dem Mittagsmal in sein Hotel,
um sich zu duschen, ganz genüsslich,
doch leider wurde es verdrießlich.

Denn ein Luxusduschgel, wenig zwar,
lag dort, für den Körper und für´s Haar,
völlig kostenfrei wurd´s offeriert,
deshalb nahm er´s an sich, ungeniert.

Dachte dabei an die Düfte nur,
auf der Haut, nach der Dusch-Prozedur,
doch das Ding lies sich nicht aufreißen,
nicht mal mit den Zähnen zerbeißen.

Kein Nippel war dem Ding verliehen,
um ihn durch die Lasche zu ziehen,
der junge Mann zerrte wie verrückt,
doch das Öffnen ist ihm nicht geglückt.

Dem Duschwütigen verging der Spaß,
drum beschloss er, splitternackt und nass,
in den Housekeeping-Raum zu flitzen,
um ein Stück Seife zu stibitzen.

Schnell ist er hin und zurück gehuscht,
hat mit Seife statt mit Gel geduscht,
die Düfte waren auch vergessen,
Hunger trieb ihn – zum Mittagessen.

Geschenk vom Opa

Opa schenkt dem Enkel zum Zehnten,
eine Kosmos-Kiste voll Chemie,
er sieht in ihm den oft erwähnten,
Alfred Nobel, als Zukunftsgenie.

So wie Nobel ist er tatsächlich,
Sprengstoffe mischen liegt ihm im Blut
und er entdeckt ganz nebensächlich,
wie man etwas mischt, das Wirkung tut.

Im Bett schreckt Opa auf, wird hellwach,
durch einen wahnsinnig lauten Knall,
dann schießt er aus seinem Schlafgemach,
hinaus durchs Dach – in Richtung Weltall.

Witz - uralt aber gut

Ein Betrunkener fährt mit der Straßenbahn,
neben ihm steht ein gutgekleideter Mann,
der Betrunkene rülpst, übergibt sich dann,
trifft auch die Kleidung von seinem Nebenmann,
der sofort ganz lauthals schreit: „Drecksau, Kotzhahn!“
Die Antwort des Trinkers kommt lallend alsdann:
„Guter Mann, schau ‘n sie sich doch selbst erst mal an !“

Ich seh´ dich vor mir liegen

Vieles könnte ich besingen,
den Sonnenschein sowie den Mond,
doch das wird mir nicht gelingen,
weil solch ein Sehnen in mir wohnt.

Ich seh´ dich hier vor mir liegen,
hebe zögernd die rechte Hand,
meine Vernunft wird nicht siegen,
denn es war Glück, dass ich dich fand.

Drum berühre ich dich sachte,
du bist so zart und riechst so gut,
genau so, wie ich´s mir dachte,
jetzt lodert in mir eine Glut.

Ich werd mich mit dir vereinen,
doch für dich wird´s ein schneller Tod,
es wird niemand um dich weinen,
mein geliebtes – Lachsschinkenbrot.

Klein und heiß

Barfuß latsche ich über Land,
die rechte Hand in der Tasche,
plötzlich sehe ich am Wegrand,
ein grauschwarzes Häufchen Asche.

Ich bleib stehen, stupse es an,
mittig glüht es ungewöhnlich,
könnte sein, es ist ein Vulkan,
doch hier bei uns, fast unmöglich.

Denn jeder Berg, der Feuer speit,
wirbelt hoch hinaus, Glut und Ruß,
nicht minder heiß zur Sommerzeit,
ist die Zigarrenglut - an meinem Fuß.

Der Plagegeist

Hell leuchtet er, der Plagegeist,
in dunkler Nacht mir ins Gesicht,
er ruft, obwohl er tagwärts reist:
„Hinauf mit dir, auf´s Dach du Wicht".

Ich schlafe fest und merke nicht,
wie ich nach oben balancier´,
mein Nachthemd auszieh im Mondlicht,
und gänsehäutig fast erfrier´.

Am frühen Morgen lieg ich blank,
in meinem weichen Federbett,
doch meine Frau steht prompt auf Zank,
und meint, dass ich ´ne Andre hätt.

RECH-NUNG

Es kam zu mir ein Brief ins Haus,
der sah irgendwie komisch aus,
in Fettdruck stand oben RECH-NUNG,
und darunter, für die WART-UNG,
sowie die volle BEHEB-UNG,
der zuvor ständigen STÖR-UNG,
ihrer sehr betagten HEIZ-UNG
und der gesamten ZULEIT-UNG.

Wir erbitten ihre ZAHL-UNG,
bzw. sofortige BEGLEICH-UNG,
unten steht die BANKVERBIND-UNG,
sie bekommen eine QUITT-UNG,
sofort nach der ERLEDIG-UNG,
zahlen sie ohne SKONDIR-UNG,
dann schreiben wir keine MAHN-UNG.

PS. Für ausführliche BERAT-UNG,
stehen wir gern zu VERFÜG-UNG,
telefonische ANMELD-UNG,
ist jedoch VORAUSSETZ-UNG,
verlangen sie unsern Herrn UNG,
er gehört zur GESCHÄFTSLEIT-UNG.

Freundlichst Ihr Chinese –
Fa. AHN-UNG & LEIST- UNG

Schönheits-OP

Sie ist die Attraktion der Stadt,
ihre OP lief nicht so glatt,
das Gesicht wurde geliftet,
ein Freund hat´s Geld gestiftet.

Jetzt sind die Wimpern ein Gedicht,
gut sehen kann sie trotzdem nicht,
die Form ihrer Augenbrauen,
kann man nicht schlimmer versauen.

Den Busen hob man ihr gezielt,
jammerschade, dass einer schielt,
ihr Po sollte auch was taugen,
drum ließ sie das Fett absaugen.

Mit ihrer Lippen ganzer Pracht,
wurde fast ihr Kinn überdacht,
sieht man sie jetzt bei Mondenschein,
meint man, da schreitet – Frankenstein.

Opa Kurt sein Wecker

Opa Kurt sitzt vor seinem Haus,
gemütlich auf der Gartenbank,
bei sehr üppigem Frühstücksschmaus
und einem heißen Kaffeetrank.

Er durchsucht einen Katalog,
blickt auf E-Wecker mit Bedacht,
er soll sein, möglichst analog,
wie der Alte, der war ´ne Pracht.

Der Hahn vom Nachbar kommt gerannt,
kräht Opa Kurt recht zornig an:
„Hast Du verloren den Verstand,
ich kann´s besser, als es Technik kann,
brauche nicht Strom, nicht Batterie,
bin schöner als ein Superstar,
weck Dich stets mit Kikeriki,
und bin - biologisch abbaubar!“

Ich hab dich verloren

Im Stadtpark hab ich dich gesehen,
auf einer frisch gestrichenen Bank,
es war sofort um mich geschehen,
du warst wunderschön, rank und schlank.

Von dir war ich völlig benommen,
dein Aussehen hat mich fasziniert,
drum hab ich dich gleich mitgenommen,
und bei mir zu Hause ausprobiert.

Du hast mir Spaß und Freude gemacht,
warst scharf wie eine Rasierklinge,
hast ein Wohlgefühl in mir entfacht,
das sicher noch Jahre so ginge.

Wenn ich dich nicht verloren hätte,
beim Tauchen im tiefen Gewässer,
jetzt liegst du an unbekannter Stätte,
du, mein heißgeliebtes – Taschenmesser.

Im Stall eines Landwirts

Im Stall eines Landwirts bei Bremen
prahlte ein Igel: „Ich bin ein Schwan!“
Man kannte sein gutes Benehmen,
doch der Satz grenzte an Größenwahn.

Die Ziege, das Schwein und auch die Kuh,
der Hund, das Schaf, die Maus und das Rind,
sie blinzelten sich verstohlen zu,
und jeder dachte, der Igel spinnt.

Die Katze fauchte, zeigte Krallen:
„Ich befrei dich gleich von deinem Wahn!“
Der Igel ließ die Hose fallen, -
alle Tiere schrie´n: „Mein liieeber Schwan!“

Mir war so schlecht

Es war furchtbar, mir war so schlecht,
die Welt war wirklich ungerecht,
doch ich fing laut zu lachen an,
weil man dadurch genesen kann.

Die Atmung war fast ein Gebell,
mein Kehlkopf zuckte viel zu schnell,
die Mimik glich einem Volkstanz,
mein Gemüt ´nem wedelnden Schwanz.

Der Stress verflog in einem Schwall,
ich bekam ´nen Lach-Krampfanfall,
und weil der nur langsam entwich,
lachte ich mich, fast kugelig.

Ich rollte ständig nur im Kreis,
wusste auch nicht mehr, wie ich heiß,
ich kicherte und lachte nur,
das alles war, der Schwachsinn pur.

Dann stieß ich mich an einer Wand,
die weiß war, doch mir unbekannt,
so gummiartig - sonderbar.
Weiß vielleicht jemand – wo ich war ?

Mutti sag

„Mutti sag, wie sehen Engel aus,
leben sie im weichen Wolkenhaus,
schläft jeder im eigenen Zimmer,
toll gestaltet, mit Glanz und Glimmer,
haben sie traumhaft schöne Locken,
ist ihre Haut, weiß wie Schneeflocken,
tragen sie sternbesetzte Kleider,
genäht von einem Himmelsschneider,
sind sie so schlank wie Weidenruten,
oder dick wie Gänse und Puten,
bekommen sie im Alter Falten,
oder bleiben sie Geistgestalten,
die jung, frisch und zart für alle Zeit,
fröhlich schweben durch die Ewigkeit
und - haben Engel wirklich Flügel?"

„Mein Schatz, schau einfach in den Spiegel,
auf deine wunderbaren Fragen,
wird er dir schnell - die Antwort sagen!"

Im Buchenwald

Hier in der Nähe, im Buchenwald,
wandert ein Vater mit seinem Sohn,
an einer Lichtung machen sie halt,
eine Pause ist ihr bester Lohn.

Der Vater lässt im Moos sich nieder,
sein Sohnemann schlendert in den Wald,
kommt jedoch nach Minuten wieder,
mit einer Frage, die komisch schallt:

„Vater, haben Blaubeeren Beine?"
„Nein", sagt der, „das kannst Du vergessen!"
„Scheiße", meint daraufhin der Kleine,
„dann hab ich - Mistkäfer gefressen!"

In der Bahn

Knoblauchdämpfe in meiner Nase,
frühmorgens in der prallvollen Bahn,
ich schau herum und komm in Rage,
dieser Stinker ist ein Vollbartmann.

Ich denke nach, völlig aufgeregt:
„Warum denn nur, muss der hier sitzen,
zumal er doch einen Teppich trägt?“
„Soll er doch damit fliegen, „flitzen!“

Laut sprech ich ihn an: „He Du Mief-Tier,
schwing auf den Teppich deine Gräten!“
Frech grinst er mich an und sagt zu mir:
„Teppich nix fliegen, is zum Beten.“

Fluggastgebühr

Man gibt nicht nur die Taschen hin,
am Flughafen, stets beim Check-in,
auch abgescannt wird man modern,
von Kopf bis Fuß, ganz ohne Lärm.

Der Scanner legt dann rigoros,
Menschen bis auf´s Intimste bloß,
Kosten, die das alles decken,
konnt` man im Ticket verstecken.

Darum hab ich bei mir gedacht,
die Prozedur wär` leicht gemacht,
wenn jeder käm` zum Einchecken,
ohne Kleidung – wie Nacktschnecken.

Ein Bayer wollte es anders

Ein Bayer wollt´s mal anders haben,
und ganz genüsslich Sushi laben,
wobei sein Wunsch auf eines zielte,
dass 'ne Bouzouki dazu spielte.

Also wünschte er zur Schlemmerei,
sich eine Bouzouki-Melodei,
fünf Tage lang war er am Suchen,
um einen Tisch dafür zu buchen.

Doch der Wirt aus Japan sprach: „Hi, hi,
hier spielt man Koto, nicht Bouzouki!“
Dem Gastwirt im Lokal “Griechenland“,
war das Sushi völlig unbekannt.

Der Bayer fluchte laut: „Etz schau i
nicht mehr nach Sushi und Bouzouki,
i nehm' oa Hax´n und Bier vom Fass,
leckst mi am Oarsch - mid eiam Fraß !“

Begehrenswert

Begehrenswert liegst du vor mir,
schön anzusehen ist dein Schnitt,
du bist mein Lebenselixier,
dich zu betrachten, hält mich fit.

Ein Würstchen lege ich dir jetzt,
ganz tief hinein, in deinen Spalt,
und dann kenn ich zu guter Letzt,
nicht einmal mehr das Wörtchen "halt".

Ringsum knackig liegst du noch da,
ich pack zu, nicht mit Samtpfötchen,
denn ich begehre dich, fürwahr,
mein geliebtes – Frühstücksbrötchen.

Er ist stets friedlich

Er ist stets friedlich wie ein Lamm,
liebt die Ruhe, mag kein Tamtam,
lebt still, ist nett und seriös,
nicht einer Seele ist er bös.

Doch setzt er sich mal ans Steuer,
ist ihm vieles nicht geheuer,
Blech und Glas die ihn umgeben,
verändern sein Innenleben.

Dann wird er fix zum wilden Stier,
nimmt sogar Menschen ins Visier,
drück´s Gaspedal bis auf's Metall,
sein Umfeld ist ihm dann egal.

Reifen lässt er kräftig quietschen,
den Bock weit nach vorne schießen,
laut schreit er auch zum Fenster raus,
zeigt den Vogel und spuckt noch aus.

Wer nicht drei Meter Abstand hält,
dem sein Fahrzeug wird eingedellt,
dieser Fahrer hat Pech gehabt,
der ist ganz einfach, nicht begabt.

Er ist stets friedlich wie ein Lamm,
liebt die Ruhe, mag kein Tamtam,
deshalb mag er auch nicht, wenn's kracht,
seine Ohren mögen's - lieber sacht.

Fette Beute

Hier im Orte steht ein kleines Haus,
da wird nun bald eine Villa draus,
die alten Mauern müssen weichen,
in Kürze wohnen dort die Reichen.

Diese hatten früher nicht viel Geld,
wohnten einst sogar in einem Zelt,
dann begann ihr starkes aufbäumen,
sie handelten mit Draht und Zäunen.

Man brauchte Grenzzäune überall,
-rollenweise, in sehr großer Zahl,
dieser Handel wurde ein Knüller,
ein regelrechter Kassenfüller.

So wurde, man sagt, fast über Nacht,
mit Drahtgeflecht, richtig Geld gemacht,
und hier im Ort, dieses kleine Haus,
ist schon bald, ein echter Augenschmaus.

Liebe Leute, grämt euch nicht vor Neid,
schaut, dass ihr schnell Zaunverkäufer seid,
aber auf der richtigen Seite,
dann winkt auch euch bald - fette Beute.

Sechs Gänge Mittagsmenü

Wir sitzen im Restaurant in Berlin,
man sagte uns, dieser Laden sei “In“,
das Mittagsmenü habe sechs Gänge,
bezüglich Kleidung, gäb´s keine Zwänge.

Meine Freundin erhebt sich kurz vom Platz,
sagt: „Ich habe nur Hunger wie ein Spatz.“
Der Ober schaut uns an, leicht irritiert,
doch ich bleib cool und sag ganz ungeniert:

„Mir geht´s anders, ich brauch was im Magen,
Herr Ober, drum lassen sie sich sagen,
ich nehm´ Menü Nummer Drei, mein Guter,
und für die Dame bitte – Vogelfutter!“

Falsch gefragt

Herr Scholz geht früh zum Metzger rein,
des Metzgers Frau steht dort allein,
Scholz kauft hier schon seit Jahren ein,
am liebsten die Mettwurst vom Schwein.

Er schaut sich um und findet nicht,
die Wurst, die er gerne hätte,
der Chefin blickt er ins Gesicht,
fragt: „Wo ist die grobe Fette?“

Die Metzgerfrau stutzt, ist verstört,
der Satz haut sie fast vom Stuhle,
dann spricht sie, immer noch empört:
„Die ist doch noch - in der Schule!“

Lästiges Getier

Heute in der Früh so gegen Acht,
habe ich sieben Stubenfliegen,
(sprach stolz der Ehegatte), umgebracht
und das sogar, mit viel Vergnügen.

Von dem immer lästigen Getier,
das ist im Frühjahr unausbleiblich,
von diesen Sieben war´n heute hier,
zwei Stück männlich und fünf´e weiblich.

Oh, ne, es ist doch deren Geschlecht,
in solch überaus schnellen Fällen,
(dies erwog die Ehefrau mit Recht)
überhaupt nicht festzustellen.

Doch, rief der Gatte, es saßen da,
als ich fest zuschlug, auf deren Flügel,
zwei an meiner geliebten Hausbar
und fünf surrten auf dem Spiegel.

Ein Pixel

Ein Pixel wollte mal frei sein,
und sprang herunter vom Display,
doch dann fühlte es sich allein,
und jammerte lauthals: „Oh weh!“

Es begann Kontakt zu knüpfen,
mit anderen kleinen Dingen,
doch keines wollt´ mit ihm hüpfen,
rein gar nichts schien zu gelingen.

Tagelang sprang es hin und her,
verlor auch langsam die Geduld,
es fehlte ihm das Pixelheer,
und der wilde Display-Tumult.

Drum sprach das Pixelchen zu sich:
„Allein leben ist nicht okay,
meinesgleichen will ich um mich,
ich springe heim – in mein Display!“

Ärztliche Diagnose

Vorsorge muss sein, laut Krankenkasse,
und obwohl ich Arztbesuche hasse,
plagt mich im Moment ein kleines Problem,
ein Juckreiz, oder vielleicht ein Ekzem,
möglich ist auch eine Infektion,
ich brauch ärztliche Konsultation.

Äußerst schnell hab ich einen Arzttermin,
man nimmt Blut von mir und ein Glas Urin:
Das Blut ist rot“, meint der Arzt, „das ist gut,
es muss nicht einmal in ein Institut.“,
Dann greift er zitternd zum Glas mit Urin,
nippt daran, sagt: „Ne, Zucker ist nicht drin.“

Die Restbrühe kippt er mir ins Gesicht,
ich zucke und verlier das Gleichgewicht,
falle rücklings auf das Praxisparkett,
der Arzt stellt das leere Glas auf′s Tablett,
grinst mich an und erklärt mir maliziös:
„Krank sind Sie nicht, Sie sind - hypernervös !“

Ein kleiner Schubser

Im Marktplatz-Café mit alter Fassade,
trifft sich ein flottes Pärchen zu einem Date,
er, Herr Cola, sie, Fräulein Limonade,
lächeln sich wortlos an, es ist schon sehr spät.

Sie ist adrett mit einem Schirmchen geschmückt,
hält ihn schräg, fühlt sich sonst nackt, so ganz ohne,
er hat sich sofort ins rechte Licht gerückt,
mit Eiswürfel und einem Stück Zitrone.

Die Stimmung ist gut, genau wie er es mag,
drum wünscht er sich, dass die Zeit niemals endet,
doch plötzlich scheint es, als ob der schöne Tag,
sich ganz enorm, zu seinen Gunsten wendet.

Ein Mensch, ein kleiner Schubser, Unachtsamkeit,
führt beide zusammen, vor der Fassade,
und jetzt am Boden liegend ist es soweit,
Herr Cola küsst - das Fräulein Limonade.

Falscher Verdacht

„Ach hier steckst du,wo warst Du nur,
ich hab dich stundenlang gesucht,
es war für mich Verzweiflung pur,
laut hab ich vor mich hin geflucht.

Was fällt dir ein, ich brauch dich doch,
du weißt auch ganz genau wofür,
auf Knien rutsch ich immer noch,
und du stehst dreist, hinter der Tür.

Hast du gedacht, ich mag dich nicht,
und nehm mir irgend einen Mopp,
mein Freund, schau mir doch ins Gesicht,
ein Neuer wär für mich ein Flop!"

Als Mann denk ich, guck doch mal hin,
wen hat sie da im Flur entdeckt,
wer hat sich da, ich glaub ich spinn,
so lange nur, vor ihr versteckt.

Ich schau´s mir an, den Kopf gesenkt,
dann hör ich auch ihr Geblubber,
streng hält Sie die Arme verschränkt,
und schimpft laut - mit ihrem Schrubber.

Oft auf Montage

Anton trägt Vollbart und ist oft auf Montage,
seine Frau Berta bringt er damit in Rage:
„Nur Sonntags habe ich Dich, das ist wie Betrug,
klar ist, ich krieg von Deiner Liebe nie genug!“

Darauf antwortet Anton mit männlichem Stolz:
„Berta, unsere Ehe ist aus bestem Holz,
das so hart ist wie Eiche und zeitresistent,
weil bei uns das Feuer der Liebe noch hell brennt!“

Wochen später eilt Anton spät Nachts nach Hause,
umarmt stumm seine Frau, küsst sie ohne Pause,
sie schnurrt wie eine Katze: „Ich liebe dich so!“
Anton macht das Licht an, eine Hand noch am Po.

Berta erstarrt wie eine Bronzestatue,
stützt sich mit einer Hand an der Wäschetruhe,
dann stößt sie einen Schrei aus, verdattert, schockiert:
„Ach je Anton, Du bist es - Du bist ja rasiert!“

Hab sie belauscht

„Ach hier steckst du,wo warst Du nur,
ich hab dich stundenlang gesucht,
es war für mich Verzweiflung pur,
laut hab ich vor mich hin geflucht.

Was fällt dir ein, ich brauch dich doch,
du weißt auch ganz genau wofür,
auf Knien rutsch ich immer noch,
und du stehst dreist, hinter der Tür.

Hast du gedacht, ich mag dich nicht,
und nehm mir irgend einen Mopp,
mein Freund, schau mir doch ins Gesicht,
ein Neuer wär für mich ein Flop!“

Als Mann denk ich, guck doch mal hin,
wen hat sie da im Flur entdeckt,
wer hat sich da, ich glaub ich spinn,
so lange nur, vor ihr versteckt.

Ich schau´s mir an, den Kopf gesenkt,
dann hör ich auch ihr Geblubber,
streng hält Sie die Arme verschränkt,
und schimpft laut - mit ihrem Schrubber.

Kurzgeschichten

Sonnenschein

Waltraud und Herbert sind nun schon fast zehn Jahre verheiratet. Alles machen sie gemeinsam, nur wenn es um den Urlaub geht, scheiden sich die Geister. Waltraud liebt das Meer, den Sommer und den Sonnenschein. Herbert hingegen verpönt die Sonne und hätte am liebsten ständig Winter, mit starkem Frost und viel, viel Schnee. So wie auch im letzten Jahr im Februar kommt es wieder zu einer heißen Debatte zwischen den beiden: „Herbert, ich will ans Meer und Sonne tanken, Sonne tut gut und geht bis tief unter die Haut, wenn Du mich liebst, dann buche bitte schnellstens für uns ein Hotelzimmer in Spanien." Etwas verdutzt schaut Herbert seine Angetraute an und antwortet dann kurz und bündig: „Liebste Waltraud, ich hasse die Sonne, das weißt Du, ich liebe Frost und Schnee, mache Dir aber einen Vorschlag, wir machen dieses Jahr getrennt unseren Urlaub, Du fliegst nach Spanien und ich reise zum Skilauf in die Alpen."

Gesagt, getan. Schon eine Woche später liegt Waltraud im Mini-Bikini am Strand der Costa del Sol. Doch wie der Zufall es will, lernt sie dort den deutschen Touristen Harry kennen und wie es sich manchmal so ergibt, landen die zwei schon am zweiten Abend im Bett. Auch am Dritten und Vierten Abend geht es im Bett heiß her. Vieles hat Waltraud zwischenzeitlich von Harry erfahren, nur seinen Nachnamen nicht. Am nächsten Abend fasst sie sich ein Herz und fragt: „Harry, wir kennen uns jetzt schon fünf Tage, ich möchte jetzt endlich wissen, wie Du mit Nachnamen heißt?" Harry ziert sich ein wenig und antwortet: „Wenn ich Dir meinen Nachnamen sage, wirst Du ganz sicher lachen und deshalb schweige ich lieber." „Nein, nein Harry, ich lache nicht, ich verspreche es, sag mir jetzt bitte deinen Nachnamen."

„Also gut Waltraud, aber nicht lachen, mein Nachname ist - Sonnenschein." Im nächsten Moment fängt Waltraud lauthals an zu lachen und kann sich kaum noch einkriegen. Sie lacht und lacht und lacht. Daraufhin stellt sich Harry breitbeinig vor ihr auf und ruft: „Ich hab es doch gewusst, Du lachst, obwohl Du mir fest versprochen hast, es nicht zu tun, aber sag mir jetzt, warum lachst Du trotzdem."
„Ach Harry, sei nicht böse, bei dem Namen muss ich einfach lachen, weil er mich an die Worte meines Mannes erinnert, die er vor meinem Abflug am Flughafen zu mir sagte --- ich wünsche Dir einen wunderschönen, angenehmen Urlaub, möge der Sonnenschein jeden Tag ganz tief in Dich eindringen!"

Vitaler Chef

Herr Janssen, Chef eines riesigen deutschen Unternehmens, macht sich Sorgen um seine immer häufiger auftretenden Allüren. Seit Monaten wird er von einem seltsamen, für ihn unerklärlichen Phänomen geplagt. Mit keiner Menschenseele mag er darüber reden. Es ist ihm peinlich. Um sich aber letztendlich völlige Klarheit über seinen Zustand zu verschaffen, bittet er seinen alten Freund, Professor Dr. Hellweg, zu sich nach Hause. In der Bibliothek wird eine halbe Stunde lang über vergangene Zeiten und über Geschäfte gesprochen, dann kommt die besorgte Frage des Professors: „Na, nun mal raus mit der Sprache, mein Lieber, wo drückt der Schuh, was fehlt Dir denn ?"

„Ach, weißt Du," kommt zögernd, mit gesenktem Blick, leise die Antwort, „ich bin jetzt achtundsiebzig Jahre alt, seit über vierzig Jahren verheiratet, habe vier hervorragende Kinder, bin zwischenzeitlich achtfacher Großvater, sitze noch jeden Tag acht Stunden im Büro, treibe sogar noch Sport und jetzt so etwas." Er legt eine kleine Verschnaufpause ein, hebt den Kopf, holt tief Luft, blickt seinem Gegenüber in die Augen und fährt dann leicht kopfschüttelnd fort: „Ich kenne mich seit einiger Zeit selbst nicht mehr, ich bin verrückt nach meiner Sekretärin, ständig laufe ich ihr hinterher und ..."

„Aber, aber, mein Guter," unterbricht der Freund und Doktor, „das ist doch nichts Abwegiges, in Deinem Alter ist es doch nur ein Zeichen von außerordentlicher Potenz und Vitalität, darüber musst Du doch weiß Gott nicht beunruhigt sein. Viele Deiner Altersgenossen wären froh so fit zu sein, sie würden Dich beneiden!"

Der alte Herr Janssen winkt ab: „Nein, nein, Du verstehst mich nicht. Ich renne zwar täglich, manchmal stündlich meiner Sekretärin nach, aber wenn ich sie dann endlich gefangen habe, dann, ja dann weiß ich nicht mehr, warum ich ihr überhaupt hinterher gelaufen bin!"

Nächtlicher Lieferservice

Es ist schon weit nach Mitternacht, als das Telefon bei einem schon etwas betagten Gemeindepfarrer klingelt. Aus seinen schönsten Träumen gerissen, springt der alte Mann aus dem Bett, streift sich eilig einen Morgenmantel über, zieht seine Pantoffeln an und rennt in sein Büro. Schnaufend drückt er, mit einem „Hallo“ rufend, den Hörer ans Ohr. Am anderen Leitungsende meldet sich eine weibliche, leicht lallende Stimme: „Bin ich da richtig beim Lieferservice der Gaststätte Schwarzer Adler?“ Der Pfarrer will gerade antworten, als er jäh unterbrochen wird. „Bringen Sie bitte zwei Kästen Bier und vier Flaschen Rotwein in die Laubengasse achtzehn, zu Mertens.“ Schlaftrunken und kräftig gähnend, trotzdem aber höflich, erwidert der Pfarrer: „Es tut mir furchtbar leid, aber bei mir bekommen Sie kein Bier und auch keinen Wein, hier ist auch nicht der Lieferservice vom Schwarzen Adler, hier ist Ihr Gemeindepfarrer, Pfarrer Lukas.“ Eine geraume Zeit herrscht völlige Stille am Telefon. Die trunkene Person am anderen Ende hat offenbar nur die Hälfte verstanden. Nach einem kurzen Räusperer keift sie dann zynisch und mit spitzer Zunge zurück: „So, so, so, das ist ja interessant, unser Pfarrer Lukas, der Mann, der den Alkoholgenuss verabscheut und verteufelt --- können Sie mir mal sagen, was Sie um diese Uhrzeit noch in einer Kneipe suchen ?!“

Äußerst rücksichtsvoller Ehemann

Es war ein Richtfest vom "Feinsten" für den Maurermeister Eduard Steinbrecher. Zuerst die prägnante Ansprache des Zimmermanns von hoch oben auf dem Dachgebälk, dann der Umtrunk mit den überaus freundlichen Nachbarn des Hausherrn und zu guter Letzt, die perfekt gestaltete Feier neben dem Einfamilienhaus, in der ebenfalls neu erbauten Doppelgarage. Panierte Schnitzel, Bratwürste, Wienerle und Kartoffelsalat wurden serviert; Bier und Schnaps flossen im Übermaß. So vergingen die Stunden. Die meisten Gäste und die Handwerker verabschiedeten sich gähnend, zum Teil leicht angetrunken, so gegen Mitternacht. Ein kleiner Rest an Verwandtschaft und natürlich, die als allgemein bekannt geltend, trinkfesten Maurer, einschließlich Eduard Steinbrecher, schlemmerten weiter, bis tief in die Nacht hinein. Saufen bis zum Umfallen, schien die Devise zu sein. Irgendwann ging jedoch auch das Licht bei dem sonst so standfesten Maurermeister Steinbrecher aus. Als es wieder anging, war es fast Mittag und die Welt zunächst trübe und verschwommen. Erst nach kräftigem Augenreiben wurde die Umgebung in klaren Umrissen wieder sichtbar. Eduard Steinbrecher lag in seinem Bett, räkelte sich, erhob sich langsam. Minuten später hörte er seine Frau in der Küche mit Geschirr hantieren. Noch leicht unsicher auf den Beinen, seinen Bademantel und die Hausschuhe überstreifend, trippelte er langsam in die Küche. „Guten Morgen, mein Schatz", begrüßte er liebevoll seine Angetraute, „es ist etwas spät geworden, letzte Nacht. Ich habe Dich hoffentlich nicht geweckt? Du weißt ja wie rücksichtsvoll ich immer bin und wie sehr ich auf Deinen gesunden Schlaf achte!" Ohne sich zu bewegen, nicht einmal den Kopf anhebend, ihren Gatten keines Blickes würdigend, erwiderte die Ehefrau tief einatmend, die innere Wut unterdrückend, erst zögernd, dann zynisch und laut: „Nein, nein, mein Lieber, Du hast mich nicht geweckt, Du warst ruhig wie eine Leiche, - nur“, der Tonfall der Frau wurde immer lauter, „nur die vier Männer, die Dich laut grölend um fünf Uhr früh an Armen und Beinen ins Haus geschleift haben, -- h a b e n – e i n e n – f ü r c h t e r l i c h e n - K r a c h – g e m a c h t !“

Lachs vom Feinsten

Endlich ist es so weit, die Tagesreise von gut zwanzig Seemeilen ist zu Ende, die Zwölfmeterjacht ist fest im Hafen vertäut, der stolze Besitzer begibt sich mit schnellen Schritten und erhobenen Hauptes in sein Hotel, es ist sein Geburtstag. Er will seine, schon Tage zuvor eingeladenen Gäste, keinesfalls warten lassen. Rasch springt er unter die Dusche, greift danach zum Badehandtuch, wickelt es sich um den Bauch, rasiert sich, putzt seine Zähne und verbraucht alsdann eine enorme Menge Deospray. Eilig streift er sein weißes Oberhemd über, bindet mit geschickten Händen seine seidene Krawatte, steigt in seine, vom Zimmermädchen frisch gebügelte, schwarze Hose und schlüpft in seinen festlich glänzenden Sakko. Noch ein paar Tropfen After Shave auf die Wangen, ein Blick in den Spiegel, die Haare kurz durchgekämmt und schon ist das Geburtstagskind auf dem Weg in den umgerüsteten, festlich geschmückten kleinen Konferenzraum, zu seinen Gästen. Als er die Tür öffnet, wird er jubelnd mit einem Gegröle von "Happy Birthday" empfangen und gleich darauf mit Geschenken überschüttet. Nach geraumer Zeit, die Gesellschaft hat an der reich gedeckten Tafel Platz genommen, erhebt sich der Gastgeber, klopft mit einem Löffel an ein Weinglas und bittet um Gehör. Überschwänglich bedankt er sich für das zahlreiche Erscheinen seiner Freunde und für die ausgewählten, prunkvollen Geschenke. Er lobt das disziplinierte Hotelpersonal, das außergewöhnlich elegant gestaltete Bankett und den perfekt organisierten Service der Direktion. Es folgt, wie bei fast allen größeren Geburtstagsfeten, noch vieles an Blah, Blah, und Eigenlob vom Gastgeber, meist über eigene Geschäfte, die eigene Firma, die eigene Jacht, das eigene Können, das eigene Anglerglück und Geschick und natürlich, das eigene schwer verdiente Geld. Zum Schluss, einige Zuhörer sind von der überlangen, übertriebenen und selbstherrlichen Tischrede bereits genervt, erhebt der Jubilar sein Glas und sagt voller Stolz: "Bevor wir jetzt einen kräftigen Schluck trinken, bitte ich sie, ein besonderes Augenmerk der wunderschönen, köstlichen Fischplatte zu widmen. Es hat länger als eine Stunde gedauert, bis ich diesen feinen, so rosa leuchtenden Lachs herausbekommen habe!" Noch ehe der große Beifall einsetzt, erwidert zynisch ein, von diesem Großkotz gefrusteter Gast. "Das wundert mich ganz und gar nicht, ich habe auch immer Schwierigkeiten mit dem Dosenöffner!"

Geiz in höchster Vollendung

Die McGregor`s, Jenny und Charles, eine waschechte schottische Familie, hat sich außerhalb von Glasgow, vor gut einem Jahr, ein prachtvolles Einfamilienhaus, wie üblich auf Ratenzahlung, zugelegt. Ein Schnäppchen, trotzdem aber ein Grund für die allgemein bekannt, geizigen Schotten, weiterhin an allen Ecken und Kanten zu sparen und zu knausern. Das billigste Essen aus dem Supermarkt, Bekleidung fast nur vom Secondhand-Shop, die Möbeln aus dem zweite Wahl Handel. Kino und Theaterbesuche sind seit dem Einzug ins eigene Heim, total gestrichen.

Eines schönen Tages, die McGregor`s liegen im Garten, sonnen sich und dösen gemächlich vor sich hin, als plötzlich und unerwartet ein alter Freund der Familie am Gartenzaun steht und freudestrahlend ruft: „Hallo, Ihr Beiden, darf ich eintreten?“ Charles springt erschreckt auf, schaut erstaunt, rennt zum Gartentor und begrüßt überschwänglich, händeschüttelnd seinen fast in Vergessenheit geratenen, Kameraden Danny. Gleich darauf wird die Ehefrau vom Gast umarmt, Küßchen links, Küsschen rechts und schon beginnt eine anregende Unterhaltung. Nach etwa einer Stunde ausgiebiger Wiedersehensfreude und viel Gerede, entschuldigt sich die Hausherrin: „In der Küche wartet noch viel Arbeit auf mich, ich lasse euch jetzt allein, ihr habt sicherlich noch einiges zu besprechen.“ Jenny verschwindet im Haus. Danny freut sich im tiefsten Inneren schon auf einen starken Tee. Die beiden Freunde schlendern gemütlich durch den noch recht spärlich angelegten Garten. Nach gut einer weiteren Stunde Geplauder bittet der stolze Eigenheimbesitzer seinen Gast zur Hausbesichtigung. Sämtliche Räume werden begutachtet, am Schluss der Runde stehen beide im Wohnzimmer und blicken hinaus in den Garten. Von Jenny, geschweige denn von einem Getränk, ist nichts zu sehen. Danny ist etwas erschüttert, gibt sich aber gelassen, schaut auf die Uhr, schlägt sich mit der Hand gegen die Stirn und meint: „Oh, je, ist die Zeit schnell vergangen, jetzt muss ich mich aber auf den Weg machen, schließlich habe ich noch fünfunddreißig Kilometer zu fahren." „Warte noch einen Augenblick", entgegnet Charles, „bevor Du gehst wollen wir wenigstens noch eine kleine Erfrischung zu uns nehmen." McGregor legt seinem Freund den Arm um die Schulter, reißt das Fenster auf und sagt auffordernd: „Tief durchatmen Danny, tief durchatmen!"

Die Auswanderer

"So geht es nicht weiter", dachte sich der Schreinermeister Dollinger aus Niedersachsen, vor zehn Monaten. "In Deutschland wird es immer schlimmer mit der Arbeitslosigkeit, es geht immer weiter bergab, nur noch "vierhundert Euro Stellen" und "ein Euro Jobs". Fast täglich sieht man es im Fernsehen, wie die Leute ihre Sachen packen und ins Ausland gehen. Wer weiß, wie lange ich noch meine Arbeit habe, der Chef hat bereits die Schließung des Betriebes, in wenigen Monaten, angesagt."
"Wir bleiben auch nicht länger hier", verkündete Herr Dollinger mit erhobener Stimme damals seiner Frau und seinen fünf schulpflichtigen Kindern beim Mittagessen, "wir wandern aus, und zwar nach Kanada! Dort gibt es genügend Arbeit für einen Mann wie mich, mit meinen Fähigkeiten. Ich will endlich einmal richtiges Geld verdienen und in einem eigenen Häuschen wohnen!"

Das alles gehört jetzt der Vergangenheit an. Familie Dollinger wohnt seit drei Monaten in einem Einfamilienhaus in Kanada. Der Schreinermeister hat sofort einen Superjob in seinem Beruf gefunden und ist jetzt gerade dabei, sein gebraucht gekauftes Eigenheim, an Wochenenden, oder wie heute nach Feierabend, den letzten Schliff zu geben.
Plötzlich, es ist gerade neunzehn Uhr, die Großfamilie sitzt beim Abendessen, klingelt das Telefon. Der Jüngste, erst sieben Jahre jung, springt auf und greift zum Hörer: "Hallo, hier ist Matthias Dollinger, wer ist denn da," fragt der Dreikäsehoch mit piepsiger Stimme. "Hier ist Deine Omi aus Deutschland, aus Hannover, kannst Du mich hören, - erzähl

doch mal wie es Dir geht?" "Aber ja, Omi, ich höre Dich gut," erwidert der Kleine freudestrahlend.

Natürlich will die Oma alles wissen; sie fragt und fragt, nach der Schule, nach Freunden, der Gegend, dem Wetter und vieles mehr. Dann, es sind Minuten verstrichen, läßt sie auch ihr Enkelchen zu Wort kommen.

"Omi, es ist ganz prima hier, viel schöner als in Deutschland, wir haben einen schönen, riesigen Garten, ein ganz tolles Haus und jeder hat sein eigenes Zimmer."

Der kleine Schlaumeier legt eine Pause ein, sagt dann mit sehr nachdenklichem Gesicht: "Nur die arme Mama, die hat kein eigenes Zimmer, die muß auch hier in Kanada immer noch bei Papa schlafen."

Listiger alter Hahn

Riesiges Durcheinander im Hühnerhof, sämtliche Hennen gackern und flattern durcheinander. Der Landwirt und leidenschaftliche Hühnerhalter, Heinrich Warnicke, hat einen neuen, kräftigen, hübschen, bunten, jungen Hahn gekauft und ihn soeben in das, mit hohem Maschendraht versehene Gehege gesetzt. Um die weiteren Geschehnisse genau in Augenschein zu nehmen, bleibt Wernicke vor der Umzäunung stehen, beobachtet jeden Schritt des Neuzugangs.

Erhobenen Hauptes, den Kamm aufrecht gestellt, schreitet der stolze Hahn zu seiner, jetzt ihm gehörenden Damenwelt, den schönen, anmutig tänzelnden Hennen, kräht einige Male kräftig, um seine Herrschaft anzukündigen und geht dann schnurstracks auf den alten Hahn, der den Vorgang aus angemessener Entfernung verfolgt hat, mit schlagenden Flügeln zu.

Normalerweise kommt es in solch einer Situation zu der üblichen Auseinandersetzung, zum Hahnenkampf. Doch weit gefehlt. Der alte Hahn bleibt wie angewurzelt stehen, hebt den Kopf und sagt freundlich: "Ich bin froh und überglücklich, dass du gekommen bist, mir wird das tägliche, hinter den Hennen her rennen zu viel, ich werde allmählich zu alt für diese Sport und Kraftakte." Er legt eine kleine Pause ein, senkt den Schnabel bis fast zum Boden, spricht dann aber ruhig und besonnen weiter: "Nur eine einzige Bitte hätte ich an dich: Unter den vielen Hennen sind mir einige, genauer gesagt, fünf Stück, sehr ans Herz gewachsen. Sei doch so lieb und überlasse sie mir für meine alten Tage. Für dich bleiben schließlich noch mehr als genug übrig."

"Das kommt überhaupt nicht in Frage. Der neue Herr hier im Gehege bin ich, ich ganz allein - und handeln lasse ich mit

mir schon gar nicht", antwortet kess und sehr ernst der von oben herabschauende junge Hahn.
Der Alte überlegt, blickt den Neuen vom Kamm bis zu den Krallen an und meint: "Ich mache dir einen Vorschlag zur Güte. Wir laufen einmal den ganzen rechten Zaun entlang und wieder bis hierher zurück, das sind gute einhundert Meter, wenn du gewinnst, verzichte ich auf alles was ich dir vorgeschlagen habe, selbst auf meine alten Rechte."
Noch bevor ein Einverständnis kommt, rennt der alte Hahn los, vom erzürnten, aber durchaus siegessicheren Neuen sofort verfolgt.
Bauer Warnicke beobachtet immer noch sein Federvieh, sieht plötzlich die Hähne hintereinander her rennen. Im Laufschritt verschwindet er im Wohnhaus und steht wenige Augenblicke mit einem Gewehr im Anschlag wieder am Zaun. Der Landwirt zielt, drückt ab. Der neue Hahn ist tot.
Wütend reißt sich Heinrich Warnicke die Mütze vom Kopf, wirft sie auf die Erde, trampelt kräftig darauf herum und brüllt vor sich hin: "Verdammt noch mal, ich kann es nicht glauben, das war jetzt schon der vierte homosexuelle Hahn, den ich in diesem Monat gekauft habe!"